I0536611

BESTACTIVITYBOOKS.COM

PREMIERE ÉDITION

Dépôt légal, 2022

Illustration Graphique Extra: www.freepik.com
Merci à Alekksall, Starline, Pch.vector, Rawpixel.com, Vectorpocket, Dgim-studio, Upklyak, Macrovector, Stockgiu, Pikisuperstar & Freepik.com Designers

5 ASTUCES POUR DÉMARRER !

1) COMMENT RÉSOUDRE LES MOTS MÊLÉS

Les puzzles sont dans un format classique :

- Les mots sont cachés sans espaces, tirets, ...
- Orientation : Les mots peuvent être écrits en avant, en arrière, vers le haut, vers le bas ou en diagonale (ils peuvent être inversés).
- Les mots peuvent se chevaucher ou se croiser.

2) UN APPRENTISSAGE ACTIF

Un espace est prévu à côté de chaque mots pour noter la traduction. Pour favoriser un apprentissage actif un **DICTIONNAIRE** à la fin de cette édition vous permettra de vérifier et étendre vos connaissances. Cherchez et notez les traductions, trouvez-les dans le Puzzle et ajoutez-les à votre vocabulaire !

3) MARQUEZ LES MOTS

Vous pouvez inventer votre propre système de marquage. Peut-être en utilisez-vous déjà un ? Sinon, vous pourriez, par exemple, marquer les mots qui ont été difficiles à trouver d'une croix, ceux que vous avez aimés d'une étoile, les mots nouveaux d'un triangle, les mots rares d'un diamant, etc...

4) STRUCTUREZ VOTRE APPRENTISSAGE

Cette édition vous offre un **CARNET DE NOTES** très pratique à la fin du livre. En vacances ou en voyage ou à la maison, vous pouvez facilement organiser vos nouvelles connaissances sans avoir besoin d'un second bloc-notes !

5) VOUS AVEZ FINI TOUTES LES GRILLES ?

Allez à la section bonus **CHALLENGE FINAL** pour trouver un jeu gratuit à la fin de cette édition !

Simple et Rapide ! Découvrez notre collection de livres d'activités pour votre prochain moment de détente et **d'apprentissage**, à juste un clic de distance !

Trouvez votre prochain défi sur :

BestActivityBooks.com/MonProchainLivre

À vos marques, prêts... Partez !

Saviez-vous qu'il existe environ 7 000 langues différentes dans le monde ? Les mots sont précieux.

Nous aimons les langues et avons travaillé dur pour créer les livres de la plus haute qualité pour vous. Nos ingrédients ?

Une sélection des thématiques d'apprentissage adaptée, trois belles parts de divertissement, puis nous ajoutons une cuillère de mots difficiles et une pincée de mots rares. Nous les servons avec soin et un maximum de plaisir pour vous permettre de résoudre les meilleurs jeux de mots mêlés qui soient et d'apprendre en vous amusant !

Votre avis est essentiel. Vous pouvez participer activement au succès de ce livre en nous laissant un commentaire. Nous aimerions vraiment savoir ce que vous avez préféré dans cette édition !

Voici un lien rapide qui vous mènera à la page d'évaluation de vos commandes :

BestBooksActivity.com/Avis50

Merci pour votre aide et amusez-vous bien !

De la part de toute l'équipe

1 - Adjectifs #2

I	N	T	E	R	E	S	A	N	T	E	Í	W	O	O
N	U	E	V	O	J	S	C	K	Í	T	O	C	V	A
Z	U	U	A	D	A	V	E	Z	L	R	C	N	I	C
Y	B	E	L	A	V	R	D	C	V	E	I	U	T	O
K	Z	K	P	L	L	N	O	S	O	U	T	Z	P	D
O	R	U	P	A	A	A	S	S	M	F	Á	U	I	X
V	R	R	U	S	S	T	U	F	U	W	M	W	R	A
I	H	G	C	X	Q	U	A	C	Q	E	A	J	C	L
T	L	D	U	Q	F	R	P	O	D	E	R	O	S	O
A	N	E	L	L	X	A	D	O	T	A	D	O	E	S
E	C	B	R	G	L	L	E	W	D	X	R	X	D	O
R	V	L	E	Q	J	O	R	R	J	P	F	R	R	M
C	E	J	E	L	B	A	S	N	O	P	S	E	R	A
E	L	E	G	A	N	T	E	O	F	K	E	K	D	F
L	P	R	O	D	U	C	T	I	V	O	B	G	N	O

FAMOSO
CREATIVO
DESCRIPTIVO
DOTADO
DRAMÁTICO
ELEGANTE
ORGULLOSO
FUERTE
INTERESANTE
NATURAL
NUEVO
PRODUCTIVO
PODEROSO
PURO
RESPONSABLE
SALADO
SALVAJE
SECO

2 - Formes

F	C	A	M	Y	C	F	V	Y	S	P	C	F	F	Z
A	U	R	G	K	Í	O	X	W	B	R	P	Y	J	M
L	B	C	V	R	R	V	I	E	M	I	V	J	O	W
O	O	O	N	O	C	A	R	E	F	S	E	T	W	V
B	S	J	F	D	U	L	B	Í	C	M	R	X	C	P
R	E	S	P	I	L	E	C	O	D	A	L	J	L	F
É	E	R	A	H	O	M	M	U	R	C	U	R	V	A
P	X	C	O	N	F	L	D	I	A	D	H	T	W	S
I	I	T	T	X	F	R	C	S	F	D	E	S	X	C
H	Q	B	I	Á	C	P	H	L	L	V	R	S	F	Í
G	Q	O	R	D	N	I	L	I	C	H	N	A	U	T
L	Í	N	E	A	R	G	M	Z	W	O	O	A	D	C
E	S	Q	U	I	N	A	U	B	J	J	H	F	O	O
P	I	R	Á	M	I	D	E	L	R	W	C	S	I	P
P	O	L	Í	G	O	N	O	R	O	O	L	P	K	C

ARCO
BORDES
CUADRADO
CÍRCULO
ESQUINA
CURVA
CONO
LADO
CUBO
CILINDRO
ELIPSE
HIPÉRBOLA
LÍNEA
OVAL
POLÍGONO
PRISMA
PIRÁMIDE
RECTÁNGULO
ESFERA

3 - Force et Gravité

E	M	M	Y	D	V	L	Í	R	R	I	D	E	O	E
X	O	U	A	Ó	R	B	I	T	A	M	I	V	J	S
P	V	C	C	G	I	V	M	L	W	P	S	R	B	E
A	I	S	I	U	N	W	X	R	Y	A	T	V	W	D
N	M	M	N	V	Ó	E	S	D	A	C	A	W	I	A
S	I	B	Á	V	I	Z	T	V	B	T	N	D	M	D
I	E	N	C	G	S	E	I	I	Í	O	C	I	P	E
Ó	N	Ó	E	A	E	Z	T	O	S	P	I	N	U	I
N	T	I	M	O	R	T	N	E	C	M	A	Á	L	P
E	O	C	E	Z	P	D	T	O	Z	E	O	M	S	O
F	D	C	K	B	Í	M	K	O	Í	I	S	I	O	R
U	N	I	V	E	R	S	A	L	N	T	E	C	F	P
K	V	R	T	S	A	T	E	N	A	L	P	O	E	W
J	U	F	Z	U	R	R	F	Í	S	I	C	A	H	W
V	E	L	O	C	I	D	A	D	D	Q	Q	F	K	J

EJE
CENTRO
DISTANCIA
DINÁMICO
EXPANSIÓN
IMPULSO
FRICCIÓN
IMPACTO
MAGNETISMO
MECÁNICA
MOVIMIENTO
ÓRBITA
FÍSICA
PLANETAS
PESO
PRESIÓN
PROPIEDADES
TIEMPO
UNIVERSAL
VELOCIDAD

4 - Adjectifs #1

J	X	P	Q	T	F	A	E	N	O	R	M	E	I	I
A	O	O	V	I	T	C	A	R	T	A	B	A	M	M
N	R	V	F	J	U	T	J	D	N	D	C	H	T	P
K	V	T	E	N	Í	I	Í	T	E	R	T	C	Í	O
I	R	P	Í	N	G	V	N	Y	L	O	M	D	I	R
A	F	J	X	S	M	O	T	U	L	O	S	B	A	T
D	M	O	C	I	T	N	É	D	I	S	I	G	A	A
A	Q	B	I	O	C	I	T	Á	M	O	R	A	K	N
G	W	U	I	V	O	T	C	E	F	R	E	P	Q	T
L	X	Z	E	C	Q	R	W	O	D	E	K	K	P	E
E	L	I	O	C	I	T	Ó	X	E	N	T	I	E	E
D	I	F	G	C	J	O	D	U	L	E	T	K	S	P
H	E	R	M	O	S	A	S	B	C	G	T	E	A	S
I	N	O	C	E	N	T	E	O	F	D	L	F	D	E
H	O	N	E	S	T	O	N	R	E	D	O	M	O	G

ABSOLUTO
ACTIVO
AMBICIOSO
AROMÁTICO
ARTÍSTICO
ATRACTIVO
HERMOSA
EXÓTICO
ENORME
GENEROSO
HONESTO
IDÉNTICO
IMPORTANTE
INOCENTE
JOVEN
LENTO
PESADO
DELGADA
MODERNO
PERFECTO

5 - Instruments de Musique

S	U	U	D	Q	J	A	G	N	O	G	D	D	P	Q
K	A	B	M	I	R	A	M	Í	P	N	I	A	A	V
T	T	X	Q	R	W	Z	V	L	E	X	L	W	N	P
V	U	H	O	X	J	X	A	O	C	T	J	C	D	K
B	A	G	J	F	T	A	P	I	B	P	L	L	E	P
N	L	A	N	Í	Ó	I	M	V	T	O	E	A	R	E
M	F	V	A	C	I	N	Ó	M	R	A	E	R	E	R
G	A	G	B	Y	F	A	G	O	T	T	G	I	T	C
I	G	N	T	A	M	B	O	R	O	E	U	N	A	U
T	Z	R	D	A	R	P	A	T	V	P	I	E	I	S
I	P	P	O	O	P	I	A	N	O	M	T	T	K	I
N	Z	R	T	Q	L	K	S	C	Í	O	A	E	E	Ó
L	S	S	S	J	N	I	Z	Y	X	R	R	L	E	N
T	R	O	M	B	Ó	N	N	E	Z	T	R	Y	F	B
V	F	S	O	Y	G	G	C	A	E	M	A	K	P	F

BANJO
FAGOT
CLARINETE
FLAUTA
GONG
GUITARRA
ARMÓNICA
ARPA
OBOE
MANDOLINA
MARIMBA
PERCUSIÓN
PIANO
SAXOFÓN
TAMBOR
PANDERETA
TROMBÓN
TROMPETA
VIOLÍN

6 - Herboristerie

L	I	E	M	C	A	C	A	H	A	B	L	A	C	B
L	I	S	E	X	R	F	T	B	O	U	L	J	U	E
W	C	T	J	Z	O	F	A	O	Y	R	L	O	L	N
M	B	R	O	P	M	V	L	F	N	N	A	L	I	E
L	W	A	R	M	Á	V	F	O	Á	Y	V	L	N	F
I	H	G	A	W	T	N	P	R	R	C	A	I	A	I
J	I	Ó	N	F	I	C	O	E	F	A	N	M	R	C
E	N	N	A	E	C	N	Z	M	A	L	D	O	I	I
R	O	B	A	S	O	J	L	O	Z	I	A	T	O	O
E	J	J	A	R	D	Í	N	R	A	D	C	M	V	S
P	O	A	O	Y	G	J	I	Í	U	A	J	E	E	O
S	A	W	D	Z	X	P	W	I	E	D	K	N	R	U
T	I	N	G	R	E	D	I	E	N	T	E	T	D	B
I	Z	T	W	Í	W	F	E	X	E	Y	X	A	E	D
Z	Z	N	I	E	O	S	D	L	P	R	N	D	G	M

AJO
AROMÁTICO
ALBAHACA
BENEFICIOSO
CULINARIO
ESTRAGÓN
HINOJO
FLOR
INGREDIENTE
JARDÍN
LAVANDA
MEJORANA
MENTA
PEREJIL
CALIDAD
ROMERO
AZAFRÁN
SABOR
TOMILLO
VERDE

7 - Camping

A	O	N	A	C	T	E	B	R	Ú	J	U	L	A	F
V	N	P	Y	G	B	Q	L	U	N	A	P	R	A	C
E	H	I	B	O	H	U	A	N	I	M	A	L	E	S
N	W	H	B	Y	H	I	F	X	K	H	L	T	F	B
T	C	N	S	A	E	P	U	Q	Y	Í	X	P	T	Í
U	P	Y	N	R	C	O	R	E	R	B	M	O	S	I
R	N	A	T	U	R	A	L	E	Z	A	Y	K	C	Z
A	H	A	M	A	C	A	F	U	E	G	O	G	A	L
Ñ	X	X	D	M	R	J	Z	P	K	U	W	G	I	B
A	O	P	R	J	A	D	R	E	U	C	Q	X	U	R
T	T	X	N	X	Z	P	J	C	N	Q	E	S	H	D
N	X	S	X	S	A	V	A	K	D	K	W	K	O	M
O	I	N	S	E	C	T	O	V	P	W	E	G	N	B
M	L	I	N	T	E	R	N	A	M	T	P	F	S	H
W	N	R	W	A	H	C	A	M	E	S	R	Y	Í	Q

ANIMALES
AVENTURA
BRÚJULA
CABINA
CANOA
MAPA
SOMBRERO
CAZA
CUERDA
EQUIPO
FUEGO
BOSQUE
HAMACA
INSECTO
LAGO
LINTERNA
LUNA
MONTAÑA
NATURALEZA
CARPA

8 - Écologie

R	E	C	U	R	S	O	S	S	K	A	C	V	V	M
G	A	R	O	L	F	X	P	J	W	Z	K	O	E	O
F	C	Z	N	D	C	I	H	L	O	F	U	L	G	N
V	A	R	I	E	D	A	D	G	X	A	U	U	E	T
C	U	Z	R	S	D	X	J	H	P	U	Z	N	T	A
K	O	Y	A	S	O	I	T	U	V	N	D	T	A	Ñ
A	N	M	M	A	T	S	V	M	Q	A	C	A	C	A
L	A	R	U	T	A	N	T	E	Y	E	T	R	I	S
U	T	B	H	N	M	Í	B	E	R	W	A	I	Ó	B
A	N	O	E	A	I	G	V	P	N	S	T	O	N	X
Í	A	F	A	L	L	D	Y	V	X	I	I	S	A	W
Z	P	W	T	P	C	Y	A	U	B	J	B	D	K	S
E	S	P	E	C	I	E	L	D	D	M	Á	L	A	W
S	E	Q	U	Í	A	N	W	V	E	X	H	H	E	D
N	A	T	U	R	A	L	E	Z	A	S	L	Q	Z	Z

VOLUNTARIOS
CLIMA
COMUNIDADES
DIVERSIDAD
SOSTENIBLE
ESPECIE
FAUNA
FLORA
HÁBITAT
PANTANO
MARINO
MONTAÑAS
NATURALEZA
NATURAL
PLANTAS
RECURSOS
SEQUÍA
VARIEDAD
VEGETACIÓN

9 - Géométrie

E	M	U	W	L	P	F	Y	I	L	Q	S	C	S	R
R	M	L	C	A	A	J	Z	J	Í	F	E	Á	U	Z
H	K	Y	C	O	R	E	M	Ú	N	I	G	L	P	V
O	D	O	I	Q	A	U	E	M	D	R	M	C	E	T
E	T	L	R	E	L	M	M	H	X	W	E	U	R	D
C	R	U	O	U	E	L	J	E	Q	N	N	L	F	D
U	I	C	L	A	L	F	Z	U	D	Ó	T	O	I	I
A	Á	R	U	Í	O	Í	Í	Z	C	I	O	G	C	Á
C	N	Í	G	R	D	R	R	P	O	C	A	E	I	M
I	G	C	N	T	V	A	L	T	U	R	A	N	E	E
Ó	U	Í	Á	E	U	A	S	P	N	O	C	K	A	T
N	L	J	K	M	L	F	S	U	T	P	I	Z	L	R
H	O	S	L	I	Y	U	W	A	M	O	G	Z	D	O
R	Y	I	I	S	R	X	I	A	M	R	Ó	G	T	Z
T	E	O	R	Í	A	V	N	L	E	P	L	K	Í	I

ÁNGULO
CÁLCULO
CÍRCULO
CURVA
DIÁMETRO
ECUACIÓN
ALTURA
LÓGICA
MASA
MEDIANA
NÚMERO
PARALELO
PROPORCIÓN
SEGMENTO
SUPERFICIE
SIMETRÍA
TEORÍA
TRIÁNGULO

10 - Les Médias

H	I	C	L	A	C	T	I	T	U	D	E	S	L	S
E	D	U	C	A	C	I	Ó	N	G	N	I	R	O	G
V	L	A	U	T	C	E	L	E	T	N	I	Y	C	C
O	D	R	B	Q	J	J	E	C	Í	Ó	M	C	A	R
I	X	A	K	S	O	T	O	F	P	I	S	K	L	D
D	M	V	S	O	C	O	M	E	R	C	I	A	L	B
A	I	Á	L	H	V	U	G	F	H	I	S	Z	L	D
R	N	C	G	C	U	Z	J	N	I	D	L	G	R	I
Q	D	W	E	E	B	Q	A	T	Ó	E	Z	P	X	G
F	U	Q	J	H	N	P	Ú	B	L	I	C	O	O	I
O	S	K	X	F	M	E	I	R	H	I	N	Y	H	T
R	T	W	P	R	J	M	S	V	B	V	H	I	Z	A
Q	R	C	W	A	E	N	Í	L	N	E	U	F	P	L
S	I	S	O	C	I	D	Ó	I	R	E	P	Í	C	O
L	A	U	D	I	V	I	D	N	I	M	J	A	V	O

ACTITUDES
COMERCIAL
EN LÍNEA
EDICIÓN
EDUCACIÓN
HECHOS
IMÁGENES
INDIVIDUAL
INDUSTRIA
INTELECTUAL
PERIÓDICOS
LOCAL
DIGITAL
OPINIÓN
FOTOS
PÚBLICO
RADIO
RED

11 - Diplomatie

E	J	U	S	T	I	C	I	A	F	V	E	Z	G	Q
C	X	C	I	U	D	A	D	A	N	O	S	J	O	D
R	O	T	D	I	S	C	U	S	I	Ó	N	E	B	Y
E	C	O	R	P	O	L	Í	T	I	C	A	M	I	S
S	I	S	P	A	C	I	T	É	J	T	N	B	E	E
O	T	O	V	E	N	E	H	X	A	R	C	A	R	G
L	Á	L	O	K	R	J	I	J	T	A	O	J	N	U
U	M	U	Í	U	B	A	E	J	S	T	N	A	O	R
C	O	C	Í	A	A	D	C	R	P	A	F	D	X	I
I	L	I	R	N	Q	A	O	I	O	D	L	O	U	D
Ó	P	Ó	I	G	N	J	P	M	Ó	O	I	R	F	A
N	I	N	D	J	G	A	H	P	L	N	C	P	W	D
E	D	B	U	W	N	B	M	B	U	M	T	G	O	J
D	A	D	I	N	U	M	O	C	J	N	O	O	T	N
C	F	H	Q	J	G	E	Í	A	S	E	S	O	R	B

EMBAJADA
EMBAJADOR
CIUDADANOS
COMUNIDAD
CONFLICTO
ASESOR
COOPERACIÓN
DIPLOMÁTICO
DISCUSIÓN
ÉTICA
EXTRANJERO
GOBIERNO
JUSTICIA
POLÍTICA
RESOLUCIÓN
SEGURIDAD
SOLUCIÓN
TRATADO

12 - Astronomie

C	Í	V	O	Y	A	T	U	A	N	O	R	T	S	A
M	O	M	O	N	Ó	R	T	S	A	S	R	N	R	S
E	L	N	V	I	A	F	W	Y	M	W	O	Ó	P	T
T	O	S	S	W	R	W	M	Z	O	V	G	I	V	E
E	M	U	I	T	R	C	X	L	Y	D	Q	C	Z	R
O	Y	Y	E	S	E	S	P	I	L	C	E	A	R	O
R	O	X	H	Z	I	L	G	A	L	A	X	I	A	I
O	H	G	B	L	T	T	A	E	T	G	T	D	L	D
N	E	B	U	L	O	S	A	C	C	E	A	A	O	E
C	O	H	E	T	E	P	C	K	I	O	N	R	S	A
O	S	U	P	E	R	N	O	V	A	Ó	S	A	V	L
U	N	I	V	E	R	S	O	Í	Q	G	N	M	L	K
C	D	A	V	B	S	U	I	L	U	N	A	T	O	P
E	Q	U	I	N	O	C	C	I	O	L	E	I	C	S
O	B	S	E	R	V	A	T	O	R	I	O	Í	H	W

ASTEROIDE
ASTRONAUTA
ASTRÓNOMO
CIELO
CONSTELACIÓN
COSMOS
ECLIPSE
EQUINOCCIO
COHETE
GALAXIA
LUNA
METEORO
NEBULOSA
OBSERVATORIO
PLANETA
RADIACIÓN
SOLAR
SUPERNOVA
TIERRA
UNIVERSO

13 - Physique

R	M	J	G	M	M	A	G	N	E	T	I	S	M	O
A	E	F	J	C	A	L	U	M	R	Ó	F	K	B	I
E	Í	L	H	V	G	S	A	G	Y	Z	T	S	X	Q
L	N	D	A	D	E	V	A	R	G	M	R	X	Y	V
C	V	H	S	T	Q	V	C	E	H	V	O	V	F	R
U	T	D	A	D	I	C	O	L	E	V	M	T	Q	N
N	K	R	F	W	L	V	Q	G	B	B	O	Q	O	Ó
D	Z	Q	X	E	F	A	I	Í	K	Í	T	U	V	R
M	E	C	Á	N	I	C	A	D	K	V	Á	Í	K	T
P	A	R	T	Í	C	U	L	A	A	B	N	M	K	C
U	N	I	V	E	R	S	A	L	D	D	A	I	A	E
V	I	V	C	D	E	N	S	I	D	A	D	C	A	L
P	G	F	A	M	O	L	É	C	U	L	A	O	D	E
R	O	O	O	F	R	E	C	U	E	N	C	I	A	C
J	Í	D	S	A	C	E	L	E	R	A	C	I	Ó	N

ACELERACIÓN
ÁTOMO
CAOS
QUÍMICO
DENSIDAD
ELECTRÓN
FÓRMULA
FRECUENCIA
GAS
GRAVEDAD
MAGNETISMO
MASA
MECÁNICA
MOLÉCULA
MOTOR
NUCLEAR
PARTÍCULA
RELATIVIDAD
UNIVERSAL
VELOCIDAD

14 - Types de Cheveux

S	E	C	O	R	B	R	I	Z	A	D	O	C	R	P
O	Z	B	T	V	U	R	B	J	D	R	Í	G	G	X
Z	M	N	R	Z	J	B	I	N	A	A	F	L	T	W
I	X	K	O	W	A	J	I	L	G	C	Z	F	C	I
R	C	M	C	K	Í	Y	Z	O	L	E	H	H	M	O
M	A	R	R	Ó	N	B	G	W	E	A	C	L	O	B
I	H	M	L	A	R	G	O	R	D	O	N	S	D	L
E	Í	K	S	U	A	V	E	R	U	A	H	T	A	A
C	A	L	V	O	B	V	G	N	C	E	W	T	E	N
O	N	D	U	L	A	D	O	L	C	A	S	X	R	C
S	A	L	U	D	A	B	L	E	G	B	Í	O	O	O
G	T	K	Z	X	H	H	T	K	R	V	D	N	L	N
M	A	U	K	O	G	P	Z	D	I	A	Í	S	O	L
P	L	B	N	E	G	R	O	O	S	H	D	A	C	L
V	P	F	F	T	R	E	N	Z	A	D	O	J	L	I

PLATA
BLANCO
RUBIO
RIZOS
BRILLANTE
CALVO
COLOREADO
CORTO
SUAVE
GRUESO
RIZADO
GRIS
LARGO
MARRÓN
DELGADA
NEGRO
ONDULADO
SALUDABLE
SECO
TRENZADO

15 - Archéologie

E	A	N	Á	L	I	S	I	S	E	I	Q	A	A	C
T	V	D	H	B	L	O	R	Y	X	N	L	X	F	I
N	O	A	Z	U	B	M	W	N	P	V	L	J	S	V
E	T	D	L	R	E	O	U	P	E	E	W	R	Q	I
I	E	E	I	U	I	S	T	Q	R	S	J	E	O	L
D	M	Ü	S	M	A	Y	O	Í	T	T	P	L	F	I
N	P	G	Ó	B	Z	C	R	S	O	I	R	I	B	Z
E	L	I	F	S	C	B	I	Q	Í	G	O	Q	M	A
C	O	T	U	O	Y	E	S	Ó	A	A	F	U	I	C
S	P	N	J	T	F	N	R	G	N	D	E	I	S	I
E	I	A	R	E	T	E	D	Á	M	O	S	A	T	Ó
D	U	Q	D	J	X	G	I	G	M	R	O	Y	E	N
Q	Q	O	A	B	M	U	T	F	L	I	R	S	R	I
D	E	S	C	O	N	O	C	I	D	O	C	O	I	X
O	L	V	I	D	A	D	O	C	O	T	B	A	O	M

ANÁLISIS
ANTIGÜEDAD
INVESTIGADOR
CIVILIZACIÓN
DESCENDIENTE
EXPERTO
ERA
EQUIPO
EVALUACIÓN
FÓSIL
DESCONOCIDO
MISTERIO
OBJETOS
HUESOS
OLVIDADO
CERÁMICA
PROFESOR
RELIQUIA
TEMPLO
TUMBA

16 - Mammifères

C	B	J	N	K	O	V	Í	G	W	F	C	B	D	Z
A	A	R	B	E	C	E	J	P	R	F	P	Y	E	P
B	L	E	O	S	O	L	E	Ó	N	L	V	O	L	R
A	L	L	B	E	T	R	X	T	W	M	O	M	F	N
L	E	E	O	S	A	T	R	E	I	R	A	O	Í	T
L	N	F	L	S	G	Y	E	E	H	G	F	N	N	O
O	A	A	L	I	R	O	G	Y	P	H	R	O	S	V
R	W	N	J	I	R	A	F	A	P	O	A	E	B	E
R	A	T	X	C	E	C	A	N	G	U	R	O	Í	J
O	Y	E	J	Z	T	T	H	R	T	F	O	Z	S	A
Z	K	H	Q	C	O	N	E	J	O	K	U	C	Q	Q
M	E	V	M	T	Y	Y	Q	R	U	S	W	C	O	Y
E	U	O	P	I	O	A	M	Z	V	O	J	E	G	N
R	F	I	M	K	C	R	I	D	Q	D	B	B	K	X
V	G	K	V	H	F	M	O	H	T	D	M	L	I	N

BALLENA
GATO
CABALLO
PERRO
COYOTE
DELFÍN
ELEFANTE
JIRAFA
GORILA
CANGURO
CONEJO
LEÓN
LOBO
OVEJA
OSO
ZORRO
MONO
TORO
TIGRE
CEBRA

17 - Chocolat

C	B	U	I	Y	U	C	T	I	I	Y	A	F	C	A
A	M	O	R	A	Z	O	U	N	I	Q	R	M	A	N
R	Y	G	Q	B	Q	C	S	S	Z	R	T	D	C	T
A	I	Q	V	E	D	O	A	T	E	C	E	R	A	I
M	S	M	T	D	A	N	Í	V	Y	G	S	Y	H	O
E	T	N	E	I	D	E	R	G	N	I	A	A	U	X
L	D	F	A	E	I	S	O	F	W	Y	N	Z	E	I
O	Í	E	M	A	L	A	L	G	E	N	A	H	T	D
C	V	C	L	C	A	B	A	Z	Z	F	L	R	E	A
I	T	L	G	I	C	O	C	C	A	C	A	O	S	N
T	N	U	O	U	C	R	A	Z	Ú	C	A	R	P	T
Ó	M	D	O	P	S	I	U	S	G	Y	A	X	H	E
X	Y	A	P	R	B	T	O	T	I	R	O	V	A	F
E	V	J	H	I	Q	P	O	S	N	F	P	C	A	M
M	G	Y	B	M	D	D	C	U	O	G	R	A	M	A

AMARGO
ANTIOXIDANTE
AROMA
ARTESANAL
CACAHUETES
CACAO
CALORÍAS
CARAMELO
DELICIOSO
DULCE
EXÓTICO
FAVORITO
GUSTO
INGREDIENTE
COCO
POLVO
CALIDAD
RECETA
SABOR
AZÚCAR

18 - Mathématiques

Í	G	F	W	U	E	T	N	E	N	O	P	X	E	R
Q	F	E	Í	Y	W	A	I	Q	Ó	I	X	U	Á	E
R	H	W	O	R	T	E	M	Á	I	D	O	T	N	C
C	Í	I	I	M	M	X	E	Y	C	F	B	R	G	T
U	L	S	D	S	E	G	G	M	C	I	C	I	U	Á
W	O	U	A	X	U	T	I	R	A	P	C	Á	L	N
O	E	E	R	A	I	M	R	G	R	O	U	N	O	G
R	V	D	G	K	J	S	A	Í	F	L	A	G	S	U
T	N	V	O	L	U	M	E	N	A	Í	D	U	J	L
E	C	U	A	C	I	Ó	N	P	T	G	R	L	P	O
M	P	P	A	R	A	L	E	L	O	O	A	O	Y	W
Í	D	E	C	I	M	A	L	G	L	N	D	D	Í	Í
R	S	I	M	E	T	R	Í	A	T	O	O	Q	C	S
E	P	A	R	A	L	E	L	O	G	R	A	M	O	O
P	A	R	I	T	M	É	T	I	C	A	V	M	Í	E

ÁNGULOS
ARITMÉTICA
CUADRADO
DECIMAL
DIÁMETRO
EXPONENTE
ECUACIÓN
FRACCIÓN
GEOMETRÍA
PARALELO
PARALELOGRAMO
PERÍMETRO
POLÍGONO
RADIO
RECTÁNGULO
SUMA
SIMETRÍA
TRIÁNGULO
VOLUMEN

19 - Sport

S	X	D	D	A	C	E	L	I	A	B	M	Y	P	C
M	M	E	G	Q	A	S	H	H	E	G	A	R	R	A
A	T	E	L	T	A	T	U	N	T	E	X	M	O	P
I	T	R	T	K	Í	I	E	Ó	Í	M	I	E	G	A
C	U	E	R	P	O	R	S	I	G	Ú	M	T	R	C
N	J	A	M	E	A	A	O	C	D	S	I	A	A	I
E	R	P	S	B	H	M	S	I	Í	C	Z	B	M	D
T	C	I	X	P	U	I	P	R	Z	U	A	Ó	A	A
S	F	I	Z	Z	R	E	S	T	V	L	R	L	Y	D
I	M	Í	C	X	Y	N	J	U	J	O	J	I	K	J
S	Q	O	A	L	W	T	I	N	H	S	L	C	K	V
E	L	Y	B	H	I	O	N	A	D	A	R	O	E	U
R	F	G	T	G	R	S	D	E	P	O	R	T	E	S
H	U	S	A	L	U	D	M	F	U	E	R	Z	A	I
H	O	J	L	J	U	Í	G	O	C	F	J	D	N	G

ATLETA
CAPACIDAD
CUERPO
CICLISMO
BAILE
DIETA
RESISTENCIA
ESTIRAMIENTO
FUERZA
MAXIMIZAR
METABÓLICO
MÚSCULOS
NADAR
NUTRICIÓN
META
HUESOS
PROGRAMA
SALUD
DEPORTES

20 - Mythologie

J	O	F	H	A	A	Z	F	H	É	R	O	E	I	I
V	E	N	G	A	N	Z	A	U	B	F	C	J	O	C
L	I	J	S	U	E	A	L	C	E	A	C	T	C	U
C	E	U	U	U	G	E	N	R	V	R	V	O	L	L
R	Z	Y	Q	V	J	Y	P	I	T	M	Z	Y	U	T
E	N	B	E	N	Ó	I	C	A	E	R	C	A	P	U
E	V	P	L	N	O	P	I	T	E	U	Q	R	A	R
N	W	Í	A	N	D	A	E	U	W	N	U	U	Y	A
C	M	M	B	M	D	A	O	R	E	R	R	E	U	G
I	Á	O	E	X	M	N	T	A	T	R	U	E	N	O
A	G	R	R	D	O	Í	Q	W	X	S	O	L	E	C
S	I	T	I	T	T	O	M	H	Í	Í	A	G	F	K
M	C	A	N	O	U	R	T	S	N	O	M	S	H	O
F	O	L	T	Q	R	E	U	H	Í	L	Q	N	E	Q
T	H	S	O	W	X	H	R	A	V	X	U	I	E	D

ARQUETIPO
DESASTRE
CREACIÓN
CRIATURA
CREENCIAS
CULTURA
RAYO
FUERZA
GUERRERO
HEROÍNA
HÉROE
CELOS
LABERINTO
LEYENDA
MÁGICO
MONSTRUO
MORTAL
TRUENO
VENGANZA

21 - Restaurant #2

V	D	F	F	M	E	A	L	E	T	S	A	P	L	T
D	E	G	S	O	A	G	T	S	O	E	D	I	F	E
E	J	R	S	I	N	U	Y	P	O	O	M	U	S	N
L	B	U	D	E	L	A	S	E	A	V	V	M	O	E
I	E	Í	A	U	O	L	Z	C	L	S	E	U	P	D
C	B	F	W	C	R	Y	A	I	R	C	Q	U	A	O
I	I	V	A	R	V	A	R	A	H	C	U	C	H	R
O	D	S	R	U	T	T	S	S	R	U	Í	B	A	Q
S	A	Y	Z	E	H	U	A	L	M	U	E	R	Z	O
O	P	C	E	F	T	R	C	A	M	A	R	E	R	O
I	A	C	G	S	S	F	E	N	S	A	L	A	D	A
N	M	T	Í	L	Í	G	P	T	Í	Í	H	N	K	U
C	E	N	A	B	B	S	V	Q	O	B	E	U	W	F
P	E	S	C	A	D	O	L	E	I	H	A	V	H	V
R	G	C	W	Í	O	N	P	Í	O	L	L	V	B	Q

BEBIDA
SILLA
CUCHARA
ALMUERZO
DELICIOSO
CENA
AGUA
ESPECIAS
TENEDOR
FRUTA
PASTEL
HIELO
VERDURAS
FIDEOS
HUEVOS
PESCADO
ENSALADA
SAL
CAMARERO
SOPA

22 - Beauté

J	V	G	H	A	F	E	L	E	G	A	N	T	E	S
F	N	W	H	Y	C	O	J	E	P	S	E	I	M	E
G	Í	O	N	N	G	E	T	B	S	L	E	M	Í	R
Ú	P	M	A	H	C	X	I	O	N	E	S	B	P	V
T	I	F	B	R	N	C	U	T	G	L	H	N	Q	I
X	N	R	T	R	U	P	U	M	E	É	Q	T	H	C
M	T	A	D	S	K	A	W	E	N	S	N	I	O	I
T	A	G	P	G	X	N	N	V	M	C	H	I	P	O
D	L	A	I	J	E	N	C	A	N	T	O	R	C	S
D	A	N	E	G	T	L	Y	U	O	M	U	Z	H	O
C	B	C	L	W	R	T	A	S	T	E	J	Z	B	N
O	I	I	C	E	J	A	L	L	I	U	Q	A	M	I
L	O	A	O	V	S	O	C	I	T	É	M	S	O	C
O	S	R	C	A	H	F	O	I	C	Í	K	O	D	V
R	R	I	Z	O	S	V	L	S	A	R	E	J	I	T

RIZOS
ENCANTO
TIJERAS
COSMÉTICOS
COLOR
ELEGANTE
GRACIA
ACEITES
SUAVE
MAQUILLAJE
RÍMEL
ESPEJO
FRAGANCIA
PIEL
FOTOGÉNICO
PINTALABIOS
SERVICIOS
CHAMPÚ

23 - Avions

Q	Y	C	A	R	U	T	L	A	G	L	O	B	O	H
A	T	S	M	T	P	A	S	A	J	E	R	O	N	I
M	T	N	K	I	E	C	J	N	Q	Í	S	S	E	S
N	D	M	A	C	A	R	U	T	N	E	V	A	G	T
F	J	E	Ó	X	V	G	R	L	X	I	U	Í	Ó	O
P	Q	R	K	S	U	F	Í	I	Í	V	S	O	R	R
I	T	D	O	H	F	X	Q	Í	Z	C	Y	A	D	I
C	N	P	R	T	E	E	I	Q	U	A	Y	E	I	A
Y	V	F	J	G	R	O	R	U	F	V	J	F	H	P
J	F	O	L	E	I	C	K	A	C	K	U	E	L	I
N	L	H	R	A	A	L	T	I	T	U	D	G	Q	L
M	O	T	O	R	R	D	E	S	C	E	N	S	O	O
C	O	M	B	U	S	T	I	B	L	E	W	D	Í	T
C	S	T	R	I	P	U	L	A	C	I	Ó	N	A	O
C	O	N	S	T	R	U	C	C	I	Ó	N	D	N	K

AIRE
ALTITUD
ATMÓSFERA
ATERRIZAJE
AVENTURA
GLOBO
COMBUSTIBLE
CIELO
CONSTRUCCIÓN
DESCENSO
TRIPULACIÓN
INFLAR
ALTURA
HISTORIA
HIDRÓGENO
MOTOR
PASAJERO
PILOTO

24 - Aventure

O	W	G	N	Q	A	Í	T	N	E	L	A	V	J	E
P	I	X	J	M	O	M	S	A	I	S	U	T	N	E
O	I	N	B	Í	P	K	O	V	Q	Í	L	G	N	A
R	O	K	U	A	Í	R	G	E	L	A	Q	Y	A	C
T	N	I	V	S	N	Í	I	G	X	P	P	H	T	T
U	I	A	R	R	U	H	M	A	D	R	E	L	U	I
N	T	O	N	A	L	A	A	C	H	E	L	V	R	V
I	S	D	N	Y	R	Q	L	I	C	P	I	N	A	I
D	E	Q	D	E	W	E	T	Ó	C	A	G	U	L	D
A	D	T	S	X	G	I	N	N	F	R	R	E	E	A
D	A	T	L	U	C	I	F	I	D	A	O	V	Z	D
S	E	G	U	R	I	D	A	D	T	C	S	O	A	E
E	X	C	U	R	S	I	Ó	N	I	I	O	C	B	F
B	E	L	L	E	Z	A	S	F	E	Ó	L	V	V	H
V	I	A	J	E	S	A	S	O	E	N	E	A	W	D

ACTIVIDAD
AMIGOS
BELLEZA
VALENTÍA
OPORTUNIDAD
PELIGROSO
DESTINO
DIFICULTAD
ENTUSIASMO
EXCURSIÓN
INUSUAL
ITINERARIO
ALEGRÍA
NATURALEZA
NAVEGACIÓN
NUEVO
PREPARACIÓN
SEGURIDAD
VIAJES

25 - Ville

E	M	L	V	A	C	E	T	O	I	L	B	I	B	Í
S	E	I	G	T	A	I	C	A	M	R	A	F	Y	M
T	R	B	Z	S	R	E	N	C	G	M	W	F	V	H
A	C	R	Y	I	O	T	R	E	U	P	O	R	E	A
D	A	E	O	R	T	A	E	T	E	H	O	T	E	L
I	D	R	V	O	G	V	G	N	S	M	Z	W	Y	M
O	O	Í	J	L	F	N	A	A	C	H	U	O	H	Y
G	D	A	L	F	S	H	L	R	U	E	N	S	O	D
N	N	Y	P	Q	G	C	E	U	E	A	T	L	E	M
C	L	Í	N	I	C	A	R	A	L	V	Y	E	F	O
U	F	O	N	S	E	Q	Í	T	A	P	U	K	B	G
J	I	O	O	Í	L	C	A	S	G	N	J	C	B	N
I	J	M	E	M	O	A	P	E	B	A	N	C	O	K
Q	U	F	Í	E	U	A	Í	R	E	D	A	N	A	P
S	U	P	E	R	M	E	R	C	A	D	O	U	H	L

AEROPUERTO
BANCO
BIBLIOTECA
PANADERÍA
CINE
CLÍNICA
ESCUELA
FLORISTA
GALERÍA
HOTEL
LIBRERÍA
MERCADO
MUSEO
FARMACIA
RESTAURANTE
ESTADIO
SUPERMERCADO
TEATRO
ZOO

26 - Ingénierie

E	W	C	Y	O	L	U	C	L	Á	C	Z	T	Q	J
D	N	U	Z	E	J	E	D	X	D	N	Í	C	Q	Í
I	Ó	E	C	S	E	J	A	N	A	R	G	N	E	D
A	I	M	R	Q	T	M	D	Ó	D	J	H	U	A	B
G	C	G	O	G	U	L	I	I	I	F	Z	V	L	V
R	A	A	L	G	Í	A	D	S	L	U	J	G	E	O
A	T	L	T	H	X	A	N	L	I	E	J	M	S	C
M	O	D	T	L	H	X	U	U	B	R	Y	Á	E	U
A	R	B	K	N	T	M	F	P	A	Z	O	Q	I	M
C	F	T	B	C	C	F	O	O	T	A	E	U	D	O
F	Í	H	C	Í	J	O	R	R	S	R	P	I	M	T
W	W	J	L	H	I	C	P	P	E	R	X	N	T	O
D	I	S	T	R	I	B	U	C	I	Ó	N	A	U	R
Q	J	R	O	H	M	E	D	I	C	I	Ó	N	N	Q
D	I	Á	M	E	T	R	O	L	Í	Q	U	I	D	O

ÁNGULO
EJE
CÁLCULO
DIAGRAMA
DIÁMETRO
DIESEL
DISTRIBUCIÓN
ENGRANAJES
ENERGÍA
FUERZA
LÍQUIDO
MÁQUINA
MEDICIÓN
MOTOR
PROFUNDIDAD
PROPULSIÓN
ROTACIÓN
ESTABILIDAD

27 - Énergie

D	A	E	E	Í	G	A	S	O	L	I	N	A	M	Z
R	I	E	P	L	Q	Q	P	Y	O	D	X	T	O	Z
E	C	E	E	C	É	M	Í	G	S	W	U	D	T	D
N	O	H	S	W	R	C	R	J	X	Y	V	Q	O	O
O	N	I	E	E	N	Ó	T	O	F	X	Q	Z	R	T
V	T	D	L	I	L	O	S	R	A	E	L	C	U	N
A	A	R	E	V	D	N	E	U	I	B	S	N	S	E
B	M	Ó	C	Q	J	O	W	N	G	C	G	J	H	I
L	I	G	T	X	K	B	S	D	T	R	O	P	A	V
E	N	E	R	A	X	R	E	A	Í	R	E	T	A	B
C	A	N	Ó	B	R	A	M	Í	B	A	O	W	N	H
A	C	O	N	A	X	C	W	Z	P	V	R	P	N	A
L	I	C	O	M	B	U	S	T	I	B	L	E	Í	J
O	Ó	T	U	R	B	I	N	A	C	Z	E	A	U	A
R	N	I	N	D	U	S	T	R	I	A	G	A	U	M

BATERÍA
CARBONO
COMBUSTIBLE
CALOR
DIESEL
ENTROPÍA
GASOLINA
ELÉCTRICO
ELECTRÓN
HIDRÓGENO
INDUSTRIA
MOTOR
NUCLEAR
FOTÓN
CONTAMINACIÓN
RENOVABLE
SOL
TURBINA
VAPOR
VIENTO

28 - Cuisine

E	P	A	R	R	I	L	L	A	R	R	A	J	C	S
S	S	A	R	A	H	C	U	C	T	A	T	R	U	N
E	C	P	T	W	J	L	L	G	F	D	A	E	C	Ó
R	O	I	E	E	B	X	U	Í	I	I	Z	C	H	Z
V	N	B	P	C	N	U	Q	S	H	M	A	E	A	A
I	G	Í	E	P	I	E	N	S	J	O	S	T	R	T
L	E	I	J	X	A	A	D	S	A	C	R	A	Ó	A
L	L	A	Q	V	V	J	S	O	O	G	F	N	N	R
E	A	K	L	G	E	N	T	L	R	G	W	H	O	R
T	D	L	U	T	M	O	U	L	X	E	G	F	N	O
A	O	O	Q	H	Í	P	W	I	B	F	S	R	F	B
O	R	D	Q	Y	R	S	O	L	L	I	H	C	U	C
J	Q	D	X	Q	D	E	L	A	T	N	A	L	E	D
C	A	L	D	E	R	A	Q	P	W	N	M	T	J	L
R	E	F	R	I	G	E	R	A	D	O	R	E	M	U

PALILLOS
TAZÓN
CALDERA
CONGELADOR
CUCHILLOS
JARRA
CUCHARAS
ESPECIAS
ESPONJA
HORNO
TENEDORES
PARRILLA
CUCHARÓN
COMIDA
TARRO
RECETA
REFRIGERADOR
SERVILLETA
DELANTAL
TAZAS

29 - Corps Humain

Q	H	F	Q	P	F	B	A	R	B	I	L	L	A	Z
R	Z	O	F	G	R	P	I	U	Y	N	U	G	S	G
O	I	L	H	D	H	B	Z	Í	C	U	E	L	L	O
D	Q	A	M	T	Z	O	E	I	U	H	R	E	W	L
I	U	B	A	M	T	R	M	M	I	Q	G	I	P	L
L	O	I	N	C	S	B	T	B	W	Í	N	P	A	I
L	U	O	O	L	G	E	N	P	R	I	A	H	J	B
A	A	S	E	D	A	R	A	C	Í	O	S	E	E	O
A	U	S	D	C	L	E	R	G	D	C	A	P	S	T
D	E	D	O	A	C	C	I	O	O	S	P	E	T	E
O	D	S	Y	B	Z	O	Z	W	Q	Í	X	P	Ó	F
N	R	W	L	E	G	L	D	J	V	B	V	Y	M	Q
U	W	E	F	Z	S	M	W	O	R	C	M	B	A	Í
Z	G	L	J	A	L	U	B	Í	D	N	A	M	G	F
F	N	Ó	Z	A	R	O	C	Z	B	O	C	A	O	R

BOCA
CEREBRO
TOBILLO
CUELLO
CODO
CORAZÓN
DEDO
ESTÓMAGO
HOMBRO
RODILLA
LABIOS
MANO
MANDÍBULA
BARBILLA
NARIZ
OREJA
PIEL
SANGRE
CABEZA
CARA

30 - Biologie

M	M	C	M	M	A	M	Í	F	E	R	O	S	C	R
C	X	U	Q	U	Í	I	O	C	M	X	G	I	O	E
C	A	N	Í	E	T	O	R	P	D	B	X	M	L	P
R	B	H	U	M	L	A	R	U	T	A	N	B	Á	T
H	M	B	S	U	D	S	C	J	M	M	Ó	I	G	I
S	I	N	A	P	S	I	S	I	C	I	I	O	E	L
A	N	A	T	O	M	Í	A	J	Ó	Z	C	S	N	H
B	A	C	T	E	R	I	A	S	X	N	U	I	O	O
N	N	F	C	Ó	V	U	P	M	Z	E	L	S	A	R
H	O	F	R	E	S	C	W	W	A	C	O	I	Y	M
C	R	W	Z	A	L	M	N	Z	S	C	V	I	A	O
Y	U	P	Q	I	Z	D	O	I	V	R	E	N	R	N
H	E	Y	M	Y	J	F	A	S	E	U	G	O	L	A
Y	N	Ó	I	R	B	M	E	L	I	J	J	E	N	P
W	D	J	S	I	S	E	T	N	Í	S	O	T	O	F

ANATOMÍA
BACTERIAS
CELDA
COLÁGENO
EMBRIÓN
ENZIMA
EVOLUCIÓN
HORMONA
MAMÍFERO
MUTACIÓN
NATURAL
NERVIO
NEURONA
ÓSMOSIS
FOTOSÍNTESIS
PROTEÍNA
REPTIL
SIMBIOSIS
SINAPSIS

31 - Épices

A	X	P	Z	N	P	I	A	C	Y	J	R	U	S	X
J	H	Z	J	I	P	D	T	M	U	M	H	W	A	M
O	M	O	M	A	D	R	A	C	A	R	W	A	B	P
R	R	S	Q	L	A	S	K	C	C	R	R	K	O	X
T	E	O	Í	E	T	Q	A	E	O	H	G	Y	R	Q
N	D	H	I	N	O	J	O	B	M	A	N	O	W	N
A	S	V	K	A	A	Í	Z	O	I	X	U	P	P	P
L	B	P	T	C	W	A	G	L	N	Q	Y	E	N	I
I	M	K	D	J	G	L	J	L	O	A	J	R	S	M
C	F	A	T	A	Y	J	O	A	I	R	Z	B	C	E
A	Z	A	F	R	Á	N	R	E	G	A	L	I	Z	N
V	A	I	N	I	L	L	A	S	L	M	K	G	H	T
J	W	A	G	R	I	O	Z	A	L	W	F	N	J	Ó
N	U	E	Z	M	O	S	C	A	D	A	W	E	E	N
P	I	M	I	E	N	T	A	F	Í	I	J	J	E	Q

AGRIO
AJO
AMARGO
ANÍS
CANELA
CARDAMOMO
CILANTRO
COMINO
CURRY
HINOJO
JENGIBRE
NUEZ MOSCADA
CEBOLLA
PIMENTÓN
PIMIENTA
REGALIZ
AZAFRÁN
SABOR
SAL
VAINILLA

32 - Agronomie

S	A	R	U	D	R	E	V	E	Y	H	A	R	C	A
U	O	E	T	N	A	Z	I	L	I	T	R	E	F	M
S	A	S	S	R	R	I	C	E	S	T	U	D	I	O
U	Í	A	T	F	G	N	I	I	H	L	T	C	N	S
E	G	L	Z	E	B	S	X	W	E	P	L	J	S	I
L	O	L	C	K	N	L	G	G	U	N	U	X	D	S
O	L	I	Z	N	Ó	I	S	O	R	E	C	N	I	T
C	O	M	I	D	A	O	B	E	J	E	I	I	S	E
N	C	E	D	V	O	M	G	L	I	U	R	Z	A	M
B	E	S	N	H	U	M	R	F	E	M	G	T	U	A
P	R	O	D	U	C	C	I	Ó	N	R	A	B	G	S
C	R	E	C	I	M	I	E	N	T	O	U	N	A	V
E	N	F	E	R	M	E	D	A	D	E	S	R	U	Í
I	N	V	E	S	T	I	G	A	C	I	Ó	N	A	O
R	V	L	X	B	E	N	E	R	G	Í	A	R	L	L

AGRICULTURA
CRECIMIENTO
SOSTENIBLE
AGUA
FERTILIZANTE
ECOLOGÍA
ENERGÍA
EROSIÓN
ESTUDIO
SEMILLAS
VERDURAS
ENFERMEDADES
COMIDA
PRODUCCIÓN
INVESTIGACIÓN
RURAL
CIENCIA
SUELO
SISTEMAS

33 - Science

M	O	L	É	C	U	L	A	S	O	M	O	T	Á	H
F	Q	Y	O	I	R	O	T	A	R	O	B	A	L	I
A	Ó	Í	K	N	L	W	B	H	X	O	S	C	G	P
O	M	S	I	N	A	G	R	O	H	C	E	H	R	Ó
K	J	N	I	J	Z	P	W	C	U	I	R	E	A	T
U	I	S	E	L	A	R	E	N	I	M	V	V	V	E
N	A	T	U	R	A	L	E	Z	A	Í	A	O	E	S
P	A	R	T	Í	C	U	L	A	S	U	C	L	D	I
T	C	Z	Q	D	F	A	Q	J	J	Q	I	U	A	S
L	I	D	X	R	A	Q	D	P	O	Í	Ó	C	D	N
H	S	T	L	E	A	T	O	M	I	Í	N	I	N	F
G	Í	T	M	C	F	V	O	Z	B	Í	L	Ó	I	U
C	F	C	L	I	M	A	R	S	U	P	P	N	J	W
L	N	S	Z	M	É	T	O	D	O	Í	S	Z	I	Z
E	X	P	E	R	I	M	E	N	T	O	D	T	Q	R

ÁTOMO
QUÍMICO
CLIMA
DATOS
EXPERIMENTO
EVOLUCIÓN
HECHO
FÓSIL
GRAVEDAD
HIPÓTESIS
LABORATORIO
MÉTODO
MINERALES
MOLÉCULAS
NATURALEZA
OBSERVACIÓN
ORGANISMO
PARTÍCULAS
FÍSICA

34 - Vêtements

O	A	P	N	K	P	S	P	N	X	L	O	W	Y	B
G	U	A	N	T	E	S	U	I	W	S	Y	R	Q	F
I	O	D	D	I	Y	G	U	É	J	N	T	T	U	W
R	B	L	A	O	Í	I	C	K	T	A	C	W	N	P
B	L	A	C	V	M	A	E	P	R	E	M	Q	K	A
A	U	F	A	A	G	D	I	Q	L	J	R	A	B	N
T	S	F	M	D	R	Z	K	U	A	U	A	C	S	T
E	A	K	I	S	M	A	C	R	T	N	L	I	O	A
U	G	N	S	V	B	P	H	E	N	Í	L	N	M	L
Q	B	S	A	I	L	A	D	N	A	S	O	T	B	O
A	J	B	R	V	C	T	E	N	L	W	C	U	R	N
H	G	E	J	R	V	O	Q	S	E	E	O	R	E	E
C	S	P	U	L	S	E	R	A	D	L	Í	Ó	R	S
B	U	F	A	N	D	A	A	E	L	V	W	N	O	O
G	M	B	Z	D	U	G	V	E	S	T	I	D	O	J

PULSERA
CINTURÓN
SOMBRERO
ZAPATO
CAMISA
BLUSA
COLLAR
BUFANDA
GUANTES
JEANS
FALDA
ABRIGO
MODA
PANTALONES
SUÉTER
PIJAMA
VESTIDO
SANDALIAS
DELANTAL
CHAQUETA

35 - Méditation

P	H	W	R	V	P	Z	A	P	E	R	L	Í	C	H
O	Á	L	W	U	L	O	T	R	E	I	P	S	E	D
S	B	G	O	I	C	N	E	L	I	S	U	O	B	G
T	I	P	K	T	E	Ó	N	D	O	V	H	T	A	Í
U	T	D	M	N	Ó	I	C	A	R	I	P	S	E	R
R	O	V	X	E	B	C	I	D	F	J	A	E	C	C
A	S	X	H	S	N	A	Ó	N	Í	O	Z	M	O	L
M	Ú	S	I	C	A	T	N	O	G	O	E	O	M	A
O	H	A	Z	Z	U	P	A	B	E	S	L	C	P	R
K	Q	I	B	E	Í	E	C	L	A	J	A	I	A	I
F	B	Q	L	W	J	C	O	A	Y	Z	R	O	S	D
Z	D	U	T	I	T	A	R	G	L	F	U	N	I	A
M	O	V	I	M	I	E	N	T	O	M	T	E	Ó	D
P	E	R	S	P	E	C	T	I	V	A	A	S	N	R
O	B	S	E	R	V	A	C	I	Ó	N	N	Í	Q	P

ACEPTACIÓN
ATENCIÓN
CALMA
CLARIDAD
COMPASIÓN
EMOCIONES
DESPIERTO
BONDAD
GRATITUD
HÁBITOS
MENTAL
MOVIMIENTO
MÚSICA
NATURALEZA
OBSERVACIÓN
PAZ
PERSPECTIVA
POSTURA
RESPIRACIÓN
SILENCIO

36 - Littérature

U	O	W	F	W	F	N	S	Y	E	Q	B	C	Q	T
D	I	Á	L	O	G	O	K	Í	A	P	I	O	Z	R
G	A	M	Q	M	I	R	Q	V	Y	Z	O	N	A	A
V	N	A	R	R	A	D	O	R	D	W	G	C	N	G
C	O	M	P	A	R	A	C	I	Ó	N	R	L	A	E
N	O	V	E	L	A	H	T	U	E	A	A	U	L	D
S	I	S	I	L	Á	N	A	O	C	V	F	S	O	I
U	V	B	A	U	T	O	R	R	D	R	Í	I	G	A
B	H	H	M	E	O	L	O	Y	I	C	A	Ó	Í	V
B	N	Ó	I	C	C	I	F	V	V	T	É	N	A	A
X	B	X	R	B	K	T	Á	H	Y	I	M	N	Z	G
U	T	R	Y	C	Y	S	T	D	V	V	C	O	A	Q
Z	P	O	E	M	A	E	E	S	J	G	S	E	M	Í
P	O	É	T	I	C	O	M	H	O	Í	W	Y	E	K
D	E	S	C	R	I	P	C	I	Ó	N	M	N	T	U

ANALOGÍA
ANÁLISIS
ANÉCDOTA
AUTOR
BIOGRAFÍA
COMPARACIÓN
CONCLUSIÓN
DESCRIPCIÓN
DIÁLOGO
FICCIÓN
METÁFORA
NARRADOR
POEMA
POÉTICO
RIMA
NOVELA
RITMO
ESTILO
TEMA
TRAGEDIA

37 - Nourriture #1

L	E	C	H	E	I	Y	A	D	A	B	E	C	D	F
F	K	G	H	X	B	X	T	P	P	F	P	C	B	A
G	I	Z	E	S	R	R	Ú	T	O	E	A	S	F	X
P	X	K	C	B	Z	A	N	Í	H	S	R	I	P	S
E	S	P	I	N	A	C	A	S	O	L	W	A	X	N
S	P	L	O	W	A	Ú	T	G	R	K	B	V	G	O
A	J	J	N	A	X	Z	E	M	P	L	I	M	Ó	N
L	Y	S	H	Z	N	A	K	G	I	E	E	X	R	Z
F	Q	Í	I	F	X	C	C	Y	H	E	N	R	A	C
C	E	B	O	L	L	A	S	E	R	F	S	S	A	A
R	B	F	G	J	J	H	N	A	B	O	A	H	Y	F
O	Y	K	U	E	A	A	H	U	E	C	L	B	J	É
L	A	H	J	H	Í	B	Í	Í	M	Z	A	K	I	T
C	A	N	E	L	A	L	W	Z	P	J	D	U	S	Q
D	D	S	D	T	Y	A	I	R	O	H	A	N	A	Z

AJO
ALBAHACA
CAFÉ
CANELA
ZANAHORIA
LIMÓN
ESPINACAS
FRESA
JUGO
LECHE
NABO
CEBOLLA
CEBADA
PERA
ENSALADA
SAL
SOPA
AZÚCAR
ATÚN
CARNE

38 - Jours et Mois

M	I	É	R	C	O	L	E	S	I	E	J	Z	O	L
U	J	Y	X	S	E	T	R	A	M	N	I	Í	P	U
O	Y	I	X	E	R	E	R	B	M	E	I	V	O	N
S	N	H	H	M	B	R	N	L	R	R	U	H	A	E
E	Á	G	D	A	U	F	J	D	P	O	M	G	B	S
V	K	B	Y	N	T	L	B	A	O	A	L	P	R	F
E	H	I	A	A	C	X	K	S	E	N	R	E	I	V
U	P	M	S	D	O	T	S	O	G	A	S	K	L	C
J	S	C	B	O	O	I	R	A	D	N	E	L	A	C
A	K	U	Y	M	H	R	S	Z	F	T	K	I	A	Z
M	E	S	S	L	A	V	E	D	O	M	I	N	G	O
H	V	H	D	I	N	R	M	R	J	O	S	T	S	I
J	U	L	I	O	U	B	Z	C	B	F	F	C	O	N
R	G	R	X	I	Y	B	Y	O	P	E	V	P	U	U
S	E	P	T	I	E	M	B	R	E	A	F	W	B	J

AGOSTO
ABRIL
CALENDARIO
DOMINGO
FEBRERO
ENERO
JUEVES
JULIO
JUNIO
LUNES
MARTES
MARZO
MIÉRCOLES
MES
NOVIEMBRE
OCTUBRE
SÁBADO
SEMANA
SEPTIEMBRE
VIERNES

39 - Jardinage

F	C	V	B	F	L	O	R	C	X	G	W	F	M	S
E	O	M	A	R	G	U	J	L	L	L	M	A	A	E
S	L	L	T	X	Í	S	W	J	W	I	O	C	N	M
T	E	E	L	U	P	S	I	M	Z	T	M	K	G	I
A	U	S	D	A	D	E	I	C	U	S	B	A	U	L
C	S	P	A	C	J	Í	R	U	A	O	O	J	E	L
I	I	E	D	Í	O	E	O	N	I	P	T	O	R	A
O	Y	C	E	B	C	M	D	X	R	M	Á	H	A	S
N	M	I	M	A	I	S	E	R	F	O	N	I	K	K
A	F	E	U	G	T	D	N	S	O	C	I	A	Z	Y
L	X	O	H	U	Ó	O	E	P	T	U	C	K	I	V
S	F	J	K	A	X	V	T	S	R	I	O	C	L	Y
T	V	B	G	P	E	G	N	Q	E	O	B	Z	T	N
F	L	O	R	A	L	T	O	Í	U	I	Y	L	Z	D
U	R	G	H	J	K	K	C	Í	H	Q	Í	Í	E	B

BOTÁNICO
RAMO
CLIMA
COMESTIBLE
COMPOST
AGUA
ESPECIE
EXÓTICO
FOLLAJE
HOJA
FLOR
FLORAL
SEMILLAS
HUMEDAD
CONTENEDOR
ESTACIONAL
SUCIEDAD
SUELO
MANGUERA
HUERTO

40 - Entreprise

V	B	Q	V	O	D	A	E	L	P	M	E	V	Í	I
E	K	Z	Í	Í	I	X	F	X	Q	Y	P	S	E	M
N	N	O	J	G	N	H	V	J	C	P	A	T	C	P
T	J	O	T	S	E	U	P	U	S	E	R	P	O	U
A	C	J	D	S	R	M	I	G	Z	V	E	J	N	E
C	I	P	P	J	O	V	O	Y	X	G	R	N	O	S
T	I	E	N	D	A	C	Y	N	L	F	R	T	M	T
I	N	G	R	E	S	O	N	O	E	U	A	Z	Í	O
O	F	I	C	I	N	A	A	M	J	D	C	D	A	S
T	R	A	N	S	A	C	C	I	Ó	N	A	R	T	U
I	N	V	E	R	S	I	Ó	N	G	C	X	R	O	Í
F	Á	B	R	I	C	A	F	I	N	A	N	Z	A	S
M	E	R	C	A	N	C	Í	A	C	A	P	Y	H	F
E	M	P	R	E	S	A	I	D	S	Q	Y	W	Q	W
E	M	P	L	E	A	D	O	R	T	E	Z	J	U	L

DINERO
TIENDA
PRESUPUESTO
OFICINA
CARRERA
COSTO
MONEDA
EMPLEADOR
EMPLEADO
EMPRESA
ECONOMÍA
FINANZAS
IMPUESTOS
INVERSIÓN
MERCANCÍA
LUCRO
INGRESO
TRANSACCIÓN
FÁBRICA
VENTA

41 - Activités

S	E	N	D	E	R	I	S	M	O	H	I	A	H	F
A	F	Z	C	I	B	L	N	N	T	A	N	A	X	O
N	Í	O	N	C	B	E	Q	O	Í	B	T	I	M	T
C	A	C	T	I	V	I	D	A	D	I	E	Y	S	O
A	Í	R	E	N	I	D	R	A	J	L	R	X	Í	G
Z	I	T	T	W	Z	Y	Í	C	T	I	E	T	S	R
A	J	G	R	X	R	S	V	S	W	D	S	S	Í	A
F	H	L	A	R	U	T	C	E	L	A	E	O	L	F
U	A	G	G	M	I	O	N	P	C	D	S	G	F	Í
P	I	N	T	U	R	A	C	I	M	Á	R	E	C	A
N	Ó	I	C	A	J	A	L	E	R	S	P	U	M	S
H	F	P	D	O	N	X	O	V	R	N	O	J	Q	Q
V	E	M	P	L	A	C	E	R	F	E	C	B	W	P
G	U	A	Í	N	A	S	E	T	R	A	I	K	Y	D
F	Q	C	Í	P	M	A	R	U	T	S	O	C	U	K

ACTIVIDAD
ARTE
ARTESANÍA
CAMPING
CERÁMICA
CAZA
HABILIDAD
COSTURA
INTERESES
JARDINERÍA
JUEGOS
LECTURA
OCIO
MAGIA
PINTURA
PESCA
FOTOGRAFÍA
PLACER
SENDERISMO
RELAJACIÓN

42 - Mode

S	Q	M	A	E	L	E	G	A	N	T	E	M	S	R
E	U	Q	I	T	U	O	B	D	M	H	L	O	O	D
N	L	K	C	N	Ó	R	T	A	P	R	B	D	F	A
O	A	A	N	F	I	A	E	V	P	O	I	E	I	H
T	R	G	E	Y	A	M	G	G	Í	P	U	S	S	Í
O	U	S	D	S	Z	L	A	H	U	A	Q	T	T	R
B	T	B	N	R	E	A	W	L	T	S	E	O	I	E
G	X	G	E	N	J	N	A	Z	I	O	S	Y	C	T
F	E	I	T	P	A	I	C	W	V	S	A	M	A	E
B	T	S	H	J	C	G	U	I	T	G	T	J	D	J
J	R	M	T	L	N	I	U	A	L	E	C	A	O	I
V	K	A	X	I	E	R	Í	A	C	L	K	P	P	D
R	Y	J	Z	P	L	O	D	A	D	R	O	B	B	O
S	R	M	M	I	U	O	M	O	D	E	R	N	O	P
P	R	Á	C	T	I	C	O	R	A	C	F	F	Í	M

ASEQUIBLE
BOUTIQUE
BOTONES
BORDADO
CARO
ENCAJE
ELEGANTE
MINIMALISTA
MODERNO
MODESTO
PATRÓN
ORIGINAL
PRÁCTICO
SENCILLO
SOFISTICADO
ESTILO
TENDENCIA
TEXTURA
TEJIDO
ROPA

43 - Fleurs

U	U	O	M	A	R	Í	P	T	C	L	A	P	R	P
A	D	N	A	V	A	L	W	É	F	T	E	M	S	A
S	A	I	R	E	M	U	L	P	T	K	A	R	Í	S
O	C	W	G	J	Z	P	E	Y	O	A	I	E	Í	I
R	R	I	A	H	I	B	I	S	C	O	L	X	T	O
L	C	M	R	X	O	O	Í	J	R	S	O	O	I	N
J	P	A	I	N	E	D	R	A	G	I	N	G	L	A
A	A	H	T	C	W	W	B	V	R	C	G	I	T	R
H	A	Z	A	L	O	P	A	M	A	R	A	R	R	I
E	V	E	M	D	L	R	Í	T	S	A	M	A	É	A
L	M	Y	P	Í	X	Y	N	Q	W	N	Z	S	B	Q
K	I	A	D	H	N	N	O	L	I	L	A	O	O	S
O	A	R	A	H	E	Í	E	K	M	N	N	L	L	L
I	Í	M	I	X	V	U	P	T	U	L	I	P	Á	N
S	V	Q	J	O	O	R	Q	U	Í	D	E	A	H	U

RAMO
GARDENIA
HIBISCO
JAZMÍN
NARCISO
LAVANDA
LILA
LIRIO
MAGNOLIA
MARGARITA
ORQUÍDEA
PASIONARIA
AMAPOLA
PÉTALO
PEONÍA
PLUMERIA
ROSA
GIRASOL
TRÉBOL
TULIPÁN

44 - Nourriture #2

C	S	I	K	L	D	A	I	S	Z	V	S	B	I	H
X	E	E	T	A	L	O	C	O	H	C	K	E	X	K
A	V	L	T	V	H	Í	S	O	V	U	R	R	L	E
Í	W	F	W	A	R	D	N	E	M	L	A	E	D	X
Q	B	H	P	L	Á	T	A	N	O	I	V	N	S	U
J	A	M	Ó	N	P	S	Z	A	D	J	U	J	Í	G
M	I	Z	M	E	O	T	E	P	A	O	V	E	U	H
T	A	I	J	P	L	L	R	T	C	E	G	N	T	D
C	P	N	Í	Z	L	D	E	C	S	B	P	A	M	P
Í	Q	O	Z	U	O	E	C	B	E	T	A	M	O	T
G	R	D	U	A	G	R	U	F	P	D	S	Q	N	Q
O	P	S	B	V	N	D	R	B	R	Ó	C	O	L	I
J	G	E	R	D	A	A	W	A	M	N	F	M	Y	N
P	B	J	G	S	M	Z	I	N	K	F	K	U	B	Y
C	X	E	A	P	I	O	G	I	R	T	K	I	W	I

ALMENDRA
BERENJENA
PLÁTANO
TRIGO
BRÓCOLI
CEREZA
APIO
SETA
CHOCOLATE
JAMÓN
KIWI
MANGO
HUEVO
PAN
PESCADO
MANZANA
POLLO
UVA
ARROZ
TOMATE

45 - Algèbre

C	W	Z	M	F	O	L	I	S	M	M	O	L	S	I
W	F	G	L	A	N	Ú	M	E	R	O	C	V	O	N
N	Y	R	A	C	I	F	I	L	P	M	I	S	L	F
Y	Z	D	E	T	M	A	T	R	I	Z	F	I	U	I
K	K	A	N	O	Y	Z	A	W	N	P	Á	S	C	N
U	Y	L	I	R	R	V	J	Z	I	R	R	E	I	I
G	K	U	L	L	F	E	V	O	N	O	G	T	Ó	T
N	D	M	U	T	R	R	S	N	C	B	A	N	N	O
V	A	R	I	A	B	L	E	T	D	L	B	É	Ó	C
P	D	Ó	F	A	L	S	O	V	A	E	A	R	I	D
S	I	F	C	E	R	O	R	A	M	M	O	A	C	W
D	T	M	D	Z	P	Q	B	J	N	A	D	P	A	B
V	N	E	X	P	O	N	E	N	T	E	M	T	U	L
D	A	Z	V	F	R	A	C	C	I	Ó	N	J	C	F
L	C	D	I	A	G	R	A	M	A	Y	V	P	E	R

DIAGRAMA
EXPONENTE
ECUACIÓN
FACTOR
FALSO
FÓRMULA
FRACCIÓN
GRÁFICO
INFINITO
LINEAL
MATRIZ
NÚMERO
PARÉNTESIS
PROBLEMA
CANTIDAD
SIMPLIFICAR
SOLUCIÓN
RESTA
VARIABLE
CERO

46 - Océan

E	O	M	W	A	C	C	A	M	A	R	Ó	N	R	L
N	L	E	E	R	R	O	T	I	B	U	R	Ó	N	Y
V	A	D	F	T	R	R	R	P	U	L	P	O	O	N
I	S	U	A	S	X	T	E	A	N	E	L	L	A	B
D	Z	S	G	O	H	C	U	C	L	M	S	M	J	Í
Í	E	A	G	U	T	R	O	T	I	Y	L	A	N	N
V	T	L	Q	R	N	M	V	J	U	F	W	R	O	D
V	V	I	F	W	O	V	E	H	W	H	E	E	P	T
E	L	U	Z	Í	T	V	J	J	D	M	D	A	S	P
Í	P	G	W	X	N	Ú	T	A	T	E	W	S	E	Q
C	H	N	F	H	Y	O	P	U	S	B	A	R	C	O
G	J	A	Q	Y	X	O	Í	K	K	Z	D	Z	B	K
T	O	R	M	E	N	T	A	B	S	B	E	C	W	D
C	A	N	G	R	E	J	O	D	A	C	S	E	P	X
S	A	L	A	Y	I	J	M	L	X	K	O	C	A	T

ANGUILA
BALLENA
BARCO
CORAL
CANGREJO
CAMARÓN
DELFÍN
ESPONJA
OSTRA
MAREAS
MEDUSA
PESCADO
PULPO
TIBURÓN
ARRECIFE
SAL
TORMENTA
ATÚN
TORTUGA
OLAS

47 - Antiquités

G	S	S	I	G	L	O	I	H	A	E	I	D	C	T
A	A	E	L	E	G	A	N	T	E	S	L	V	S	Í
U	R	L	P	R	E	C	I	O	X	T	K	F	X	Í
T	U	I	E	O	K	G	N	V	N	I	R	G	K	L
É	T	N	L	R	N	J	O	I	F	L	Q	Q	T	V
N	N	V	B	C	Í	S	E	T	Í	O	P	I	D	A
T	I	E	E	I	H	A	S	A	D	E	N	O	M	L
I	P	R	U	N	H	Y	C	R	A	O	G	J	O	O
C	K	S	M	U	E	O	U	O	D	Z	W	E	U	R
O	G	I	P	S	F	J	L	C	I	Í	P	I	T	K
V	O	Ó	S	U	R	H	T	E	L	T	J	V	O	D
W	A	N	P	A	N	I	U	D	A	C	I	C	E	C
E	R	N	H	L	T	O	R	P	C	R	L	Q	R	D
W	T	R	N	Ó	I	C	A	R	U	A	T	S	E	R
S	E	S	U	B	A	S	T	A	W	T	K	N	H	G

ARTE
AUTÉNTICO
JOYAS
DECORATIVO
SUBASTA
ELEGANTE
GALERÍA
INUSUAL
INVERSIÓN
MUEBLE
PINTURAS
MONEDAS
PRECIO
CALIDAD
RESTAURACIÓN
ESCULTURA
SIGLO
ESTILO
VALOR
VIEJO

48 - Boxe

R	S	L	O	P	R	E	U	C	N	E	L	Z	H	Y
E	X	Q	P	A	A	O	D	O	C	S	U	H	A	K
C	D	V	O	S	X	R	C	Y	Z	Q	C	R	B	Y
U	B	V	N	P	A	T	E	A	R	U	H	C	I	S
P	N	S	E	N	O	I	S	E	L	I	A	E	L	A
E	Q	Z	N	Q	S	B	C	Z	O	N	D	N	I	Z
R	O	Q	T	K	J	R	A	W	Q	A	O	T	D	O
A	M	C	E	U	M	Á	M	P	V	S	R	R	A	T
C	A	R	U	O	Y	G	P	U	L	Y	C	A	D	S
I	C	Á	U	E	P	Í	A	Ñ	O	U	A	R	W	U
Ó	Q	P	O	J	R	W	N	O	F	U	E	R	Z	A
N	Í	I	I	F	R	D	A	P	K	L	H	T	R	H
N	G	D	P	M	X	S	A	T	R	C	X	Y	R	X
U	U	O	L	X	Í	N	U	S	O	T	N	U	P	E
B	A	R	B	I	L	L	A	G	U	A	N	T	E	S

OPONENTE
ÁRBITRO
LESIONES
CAMPANA
ESQUINA
LUCHADOR
HABILIDAD
CENTRAR
CUERDAS
CUERPO
CODO
PATEAR
EXHAUSTO
FUERZA
GUANTES
BARBILLA
PUÑO
PUNTOS
RÁPIDO
RECUPERACIÓN

49 - Réchauffement Climatique

E	U	N	V	O	C	I	T	R	Á	D	A	Z	L	V
N	Z	B	Z	R	R	A	I	R	T	S	U	D	N	I
E	O	W	O	U	I	R	M	W	S	F	Í	V	O	S
R	X	C	P	T	S	O	Z	B	B	Y	E	C	L	E
G	L	N	W	U	I	H	L	S	I	O	Í	N	L	N
Í	Z	D	T	F	S	A	Q	H	X	E	X	Q	O	O
A	H	Á	B	I	T	A	T	S	P	P	N	H	R	I
A	U	Í	O	C	W	U	C	O	P	E	Ó	T	R	C
G	O	B	I	E	R	N	O	T	U	J	I	V	A	A
K	U	W	L	Z	Q	P	A	A	T	F	C	B	S	L
D	X	Y	H	A	A	V	F	D	S	Í	N	A	E	B
E	Í	D	T	V	M	N	F	H	I	S	E	C	D	O
E	L	A	N	O	I	C	A	N	R	E	T	N	I	P
N	Ó	I	C	A	L	S	I	G	E	L	A	P	Z	T
X	R	G	A	S	C	I	E	N	T	Í	F	I	C	O

ÁRTICO
ATENCIÓN
CLIMA
CRISIS
DESARROLLO
DATOS
AMBIENTAL
ENERGÍA
FUTURO
GAS
GOBIERNO
HÁBITATS
INDUSTRIA
INTERNACIONAL
LEGISLACIÓN
AHORA
POBLACIONES
CIENTÍFICO

50 - Ballet

A	A	A	K	R	A	E	M	G	H	Y	S	P	C	I
R	I	T	M	O	P	S	R	Ú	C	U	O	J	O	N
Z	C	S	E	Y	L	T	N	P	S	R	L	E	M	T
G	N	E	U	A	A	I	R	N	V	I	U	B	P	E
O	E	U	P	S	U	L	X	H	V	A	C	D	O	N
V	I	Q	H	N	S	O	T	Y	S	Í	S	A	S	S
Y	D	R	A	E	O	F	C	A	B	F	Ú	A	I	I
Í	U	O	D	A	I	C	A	R	G	A	M	R	T	D
B	A	I	L	A	R	I	N	E	S	R	T	T	O	A
H	F	A	J	O	Q	A	S	Í	W	G	É	Í	R	D
Í	Í	O	B	X	S	G	E	S	T	O	C	S	C	V
E	X	P	R	E	S	I	V	O	K	E	N	T	A	M
H	A	B	I	L	I	D	A	D	E	R	I	I	F	X
B	A	I	L	A	R	I	N	A	P	O	C	C	F	L
Y	F	X	X	L	Q	G	M	N	G	C	A	O	A	B

APLAUSO
ARTÍSTICO
BAILARINA
COREOGRAFÍA
HABILIDAD
COMPOSITOR
BAILARINES
EXPRESIVO
GESTO
AGRACIADO
INTENSIDAD
MÚSCULOS
MÚSICA
ORQUESTA
AUDIENCIA
ENSAYO
RITMO
SOLO
ESTILO
TÉCNICA

51 - Fruit

M	H	X	A	O	N	A	B	P	F	T	X	R	A	A
Í	S	J	V	W	G	W	A	A	R	I	P	X	M	G
N	A	R	A	N	J	A	Y	P	A	R	E	P	E	U
L	I	M	Ó	N	A	U	A	A	M	I	M	P	L	A
H	N	Í	F	N	I	C	J	Y	B	V	E	L	Ó	C
N	S	O	O	O	G	L	K	A	U	C	L	Á	N	A
V	F	D	M	I	K	I	W	I	E	E	O	T	M	T
S	P	F	P	F	E	H	X	O	S	R	C	A	M	E
M	A	N	Z	A	N	A	I	T	A	E	O	N	T	O
V	Í	T	H	T	Z	N	Y	G	Y	Z	T	O	S	D
H	N	M	M	H	G	F	T	K	O	A	Ó	V	Í	K
N	I	A	N	I	R	A	T	C	E	N	N	Í	Í	P
G	S	N	A	L	B	A	R	I	C	O	Q	U	E	C
Y	Z	G	Z	W	Q	Í	Í	G	U	A	Y	A	B	A
H	X	O	Q	P	I	Ñ	A	U	V	A	E	S	P	A

ALBARICOQUE
PIÑA
AGUACATE
BAYA
PLÁTANO
CEREZA
LIMÓN
HIGO
FRAMBUESA
GUAYABA
KIWI
MANGO
MELÓN
NECTARINA
NARANJA
PAPAYA
MELOCOTÓN
PERA
MANZANA
UVA

52 - Musique

I	R	H	H	Z	S	H	C	C	Z	C	C	C	L	J
B	N	P	K	Í	B	U	O	R	L	J	L	L	E	A
M	A	S	M	U	S	I	C	A	L	E	X	Á	T	U
U	E	L	T	X	M	X	I	T	S	S	L	S	N	D
B	B	L	A	R	B	L	R	U	T	E	F	I	I	A
L	L	K	O	D	U	T	Í	W	E	J	A	C	P	X
Á	J	R	Z	D	A	M	L	A	M	Q	N	O	O	C
V	O	I	Z	Z	Í	V	E	Í	P	Z	Ó	C	É	A
J	C	T	Í	V	N	A	V	N	O	W	I	I	T	N
E	I	M	V	O	C	A	L	O	T	T	C	S	I	T
O	N	O	F	Ó	R	C	I	M	O	O	A	Ú	C	A
G	Ó	E	A	N	V	Q	U	R	D	Z	B	M	O	R
W	M	F	G	W	E	T	N	A	T	N	A	C	U	Z
M	R	A	D	R	Í	T	M	I	C	O	R	X	G	J
U	A	R	E	P	Ó	Q	N	L	V	H	G	S	S	X

ÁLBUM
BALADA
CANTAR
CANTANTE
CLÁSICO
GRABACIÓN
ARMONÍA
ARMÓNICO
INSTRUMENTO
LÍRICO
MELODÍA
MICRÓFONO
MUSICAL
MÚSICO
ÓPERA
POÉTICO
RITMO
RÍTMICO
TEMPO
VOCAL

53 - L'Entreprise

R	E	C	U	R	S	O	S	E	M	I	K	V	R	R
A	L	D	R	T	O	I	V	F	M	G	H	K	D	N
B	C	K	W	B	G	C	A	V	Y	P	R	P	A	Ó
D	Y	B	C	Z	S	O	O	C	T	S	L	I	T	I
E	E	X	Í	R	E	G	I	A	D	A	A	E	K	C
D	W	C	Q	K	I	E	A	V	Q	I	N	Í	O	A
O	N	H	I	C	R	N	B	I	Z	C	O	W	S	T
J	T	W	X	S	O	S	E	R	G	N	I	P	E	U
Z	M	C	N	Ó	I	C	A	T	N	E	S	E	R	P
D	X	T	U	D	D	Ó	U	F	G	D	E	Z	G	E
V	B	L	Q	D	T	R	N	Í	E	N	F	H	O	R
N	M	L	A	B	O	L	G	B	F	E	O	L	R	A
I	N	D	U	S	T	R	I	A	A	T	R	E	P	C
C	A	L	I	D	A	D	P	X	R	O	P	V	P	Q
P	A	G	I	N	N	O	V	A	D	O	R	P	S	L

NEGOCIO
DECISIÓN
EMPLEO
GLOBAL
INDUSTRIA
INNOVADOR
PRESENTACIÓN
PRODUCTO
PROFESIONAL
PROGRESO
CALIDAD
RECURSOS
INGRESOS
REPUTACIÓN
RIESGOS
TENDENCIAS

54 - Gouvernement

U	Y	E	G	L	J	A	D	A	T	R	E	B	I	L
B	O	T	N	E	M	U	N	O	M	V	S	G	G	H
S	Z	A	M	Y	Z	R	D	L	J	P	T	T	U	Í
O	X	I	M	B	Q	H	I	I	Z	Í	A	E	A	D
Í	G	C	X	U	C	O	W	V	C	A	D	O	L	E
A	Í	N	A	D	A	D	U	I	C	I	O	U	D	R
W	D	E	M	O	C	R	A	C	I	A	A	E	A	E
P	P	D	T	Z	O	L	W	X	Z	V	J	L	D	C
O	A	N	Ó	I	S	U	C	S	I	D	U	A	S	H
L	C	E	U	Y	R	O	N	Í	J	H	S	N	Í	O
Í	Í	P	V	M	U	M	A	R	B	S	T	O	M	S
T	F	E	B	P	C	F	C	Z	S	H	I	I	B	T
I	I	D	B	Í	S	O	I	U	N	F	C	C	O	F
C	C	N	E	B	I	J	Ó	Q	Q	N	I	A	L	N
A	O	I	E	R	D	O	N	G	H	H	A	N	O	Í

CIUDADANÍA
CIVIL
DEMOCRACIA
DISCURSO
DISCUSIÓN
DERECHOS
IGUALDAD
ESTADO
INDEPENDENCIA
JUDICIAL
JUSTICIA
LIBERTAD
LEY
MONUMENTO
NACIÓN
NACIONAL
PACÍFICO
POLÍTICA
SÍMBOLO

55 - Randonnée

C	C	E	I	N	G	I	W	J	T	M	A	P	A	O
V	A	W	Y	Ó	A	U	G	A	X	S	F	V	Í	R
G	B	N	J	I	J	T	Í	C	U	M	B	R	E	I
C	J	F	S	C	F	A	U	A	Y	O	S	O	L	E
I	I	I	E	A	T	G	I	R	S	D	P	U	S	N
C	E	T	L	R	D	W	S	H	A	A	P	C	G	T
U	S	C	A	A	W	O	Z	Y	R	L	N	O	R	A
W	O	A	M	P	B	D	Z	C	D	I	E	Q	G	C
S	T	M	I	E	B	A	T	V	E	T	J	Z	N	I
R	I	P	N	R	P	S	M	Í	I	N	A	W	A	Ó
F	U	I	A	P	M	E	G	J	P	A	V	C	B	N
T	Q	N	V	F	N	P	B	B	E	C	L	R	S	Q
E	S	G	M	O	N	T	A	Ñ	A	A	A	I	U	E
B	O	T	A	S	E	U	Q	R	A	P	S	D	L	G
Í	M	V	R	F	C	L	I	M	A	U	X	M	V	R

ANIMALES
BOTAS
CAMPING
MAPA
CLIMA
AGUA
ACANTILADO
CANSADO
GUÍAS
PESADO
MONTAÑA
MOSQUITOS
NATURALEZA
ORIENTACIÓN
PARQUES
PIEDRAS
PREPARACIÓN
SALVAJE
SOL
CUMBRE

56 - Art

S	K	Q	I	A	Q	U	Q	E	X	P	O	C	J	V
A	U	F	I	G	U	R	A	F	R	E	R	O	E	I
R	R	R	C	R	E	A	R	G	H	R	I	M	A	S
U	E	O	R	O	M	U	H	K	U	S	G	P	V	U
T	T	O	J	E	L	P	M	O	C	O	I	O	H	A
N	R	T	J	I	A	P	U	Z	H	N	N	S	S	L
I	A	S	Í	Z	M	L	O	M	Z	A	A	I	E	E
P	T	E	E	T	E	O	I	E	M	L	L	C	N	S
Q	A	N	Q	G	T	F	S	S	S	J	E	I	C	C
H	R	O	Z	O	O	L	O	B	M	Í	S	Ó	I	U
B	K	H	O	Q	K	F	C	P	V	O	A	N	L	L
O	Z	S	J	I	N	S	P	I	R	A	D	O	L	T
C	E	R	Á	M	I	C	A	D	I	K	Y	W	O	U
E	X	P	R	E	S	I	Ó	N	J	J	U	M	W	R
D	F	R	X	N	J	K	F	A	Q	R	N	H	V	A

CERÁMICA
COMPLEJO
COMPOSICIÓN
CREAR
RETRATAR
EXPRESIÓN
FIGURA
HONESTO
HUMOR
INSPIRADO
ORIGINAL
PINTURAS
PERSONAL
POESÍA
ESCULTURA
SENCILLO
TEMA
SURREALISMO
SÍMBOLO
VISUAL

57 - Nutrition

C	R	S	D	W	C	F	D	N	H	Y	W	F	F	R
E	O	A	N	I	M	A	T	I	V	P	B	E	C	W
S	B	M	F	T	G	J	X	D	E	F	E	R	A	D
P	A	S	E	B	E	E	D	K	I	T	W	M	R	P
E	S	A	L	S	O	R	S	H	M	K	A	E	B	Q
C	W	N	B	W	T	Í	V	T	S	X	O	N	O	F
I	I	Í	A	I	I	I	A	N	I	X	O	T	H	K
A	N	E	D	Z	T	Í	B	P	T	Ó	V	A	I	S
S	U	T	U	O	E	D	U	L	A	S	N	C	D	A
H	T	O	L	T	P	A	B	K	E	U	V	I	R	L
O	G	R	A	M	A	D	P	E	S	O	B	Ó	A	S
Y	M	P	S	O	D	I	U	Q	Í	L	Y	N	T	A
O	D	A	R	B	I	L	I	U	Q	E	Z	Í	O	G
N	W	V	J	Z	S	A	Í	R	O	L	A	C	S	O
B	J	S	X	K	R	C	T	O	G	X	I	L	S	T

AMARGO
APETITO
CALORÍAS
COMESTIBLE
DIETA
DIGESTIÓN
ESPECIAS
EQUILIBRADO
FERMENTACIÓN
CARBOHIDRATOS

LÍQUIDOS
PESO
PROTEÍNAS
CALIDAD
SALUDABLE
SALUD
SALSA
SABOR
TOXINA
VITAMINA

58 - Créativité

A	M	S	N	Ó	I	C	A	R	I	P	S	N	I	I
H	R	N	D	A	D	I	C	I	T	N	E	T	U	A
F	A	T	D	A	D	I	S	N	E	T	N	I	T	W
Q	L	B	Í	I	D	E	A	S	O	Q	S	H	V	Q
S	G	U	I	S	S	U	R	I	D	Q	A	K	N	Y
I	R	P	I	L	T	E	Q	E	L	H	C	F	Ó	S
R	Y	N	S	D	I	I	S	E	N	O	I	S	I	V
H	R	V	E	I	E	D	C	M	B	V	Ó	E	C	B
L	D	N	M	B	P	Z	A	O	V	I	N	N	I	W
G	U	P	G	O	R	Y	I	D	I	T	E	O	U	V
I	M	P	R	E	S	I	Ó	N	Q	N	G	I	T	K
E	S	P	O	N	T	Á	N	E	O	E	A	C	N	B
E	X	P	R	E	S	I	Ó	N	X	V	M	O	I	Í
C	L	A	R	I	D	A	D	M	B	N	I	M	A	Í
D	R	A	M	Á	T	I	C	O	A	I	M	E	J	U

ARTÍSTICO
AUTENTICIDAD
CLARIDAD
HABILIDAD
DRAMÁTICO
EXPRESIÓN
EMOCIONES
FLUIDEZ
IDEAS
IMAGEN
IMPRESIÓN
INSPIRACIÓN
INTENSIDAD
INTUICIÓN
INVENTIVO
SENSACIÓN
ESPONTÁNEO
VISIONES

59 - Science Fiction

P	W	G	C	B	A	M	W	L	F	E	Z	F	M	I
F	L	U	U	I	U	X	E	L	U	Í	V	A	I	M
E	T	A	A	C	N	M	H	N	E	O	N	N	S	A
S	E	T	N	G	E	E	X	X	G	H	L	T	T	G
C	C	S	X	E	G	O	K	J	O	E	K	Á	E	I
E	N	I	N	T	T	R	O	B	O	T	S	S	R	N
N	O	L	Ó	C	J	A	Q	H	P	Q	X	T	I	A
A	L	A	I	Q	U	Q	U	A	E	E	K	I	O	R
R	O	E	S	O	R	B	I	L	T	C	A	C	S	I
I	G	R	O	R	Á	C	U	L	O	Ó	R	O	O	O
O	Í	O	L	E	X	T	R	E	M	O	M	E	D	H
D	A	Y	P	I	L	U	S	I	Ó	N	Y	I	J	K
N	A	I	X	A	L	A	G	L	O	A	X	G	C	M
U	S	F	E	F	U	T	U	R	I	S	T	A	X	O
M	U	T	O	P	Í	A	V	D	D	A	Y	S	Y	F

ATÓMICO
CINE
EXPLOSIÓN
EXTREMO
FANTÁSTICO
FUEGO
FUTURISTA
GALAXIA
ILUSIÓN
IMAGINARIO
LIBROS
MUNDO
MISTERIOSO
ORÁCULO
PLANETA
REALISTA
ROBOTS
ESCENARIO
TECNOLOGÍA
UTOPÍA

60 - Professions #1

A	S	T	R	Ó	N	O	M	O	E	M	P	E	E	D
P	I	A	N	I	S	T	A	R	M	Ú	S	N	N	T
I	S	C	A	U	Y	G	K	X	B	S	I	F	T	N
C	H	U	D	O	C	T	O	R	A	I	C	E	R	H
F	I	C	A	Z	A	D	O	R	J	C	Ó	R	E	R
O	R	E	N	A	T	N	O	F	A	O	L	M	N	J
B	A	B	N	Q	A	G	P	X	D	S	O	E	A	A
B	A	C	N	T	Y	C	X	E	O	W	G	R	D	B
X	A	N	J	U	Í	K	C	S	R	B	O	A	O	O
D	I	I	Q	R	I	F	J	O	Y	E	R	O	R	G
N	Z	T	L	U	C	D	I	E	D	I	T	O	R	A
D	U	A	V	A	E	F	H	C	R	V	Í	H	K	D
V	B	A	T	X	R	R	M	N	O	N	K	T	Q	O
Z	T	Z	G	U	Y	Í	O	R	E	B	M	O	B	L
G	E	Ó	L	O	G	O	N	R	J	E	W	V	C	Í

EMBAJADOR
ASTRÓNOMO
ABOGADO
BANQUERO
JOYERO
CAZADOR
BAILARÍN
ENTRENADOR
EDITOR
GEÓLOGO
ENFERMERA
DOCTOR
MÚSICO
PIANISTA
FONTANERO
BOMBERO
PSICÓLOGO
CIENTÍFICO

61 - Géologie

H	C	W	A	N	H	S	E	H	B	M	D	X	S	R
T	K	C	X	I	B	X	E	E	M	D	V	G	Y	Q
V	C	S	A	X	N	A	N	R	E	V	A	C	W	J
A	O	E	Z	L	I	S	Ó	F	S	W	F	M	V	R
G	D	L	N	A	C	Y	I	Q	E	C	O	R	A	L
É	I	A	C	S	J	I	S	I	T	C	A	P	A	L
I	D	T	M	Á	V	A	O	V	A	D	N	B	Í	A
S	N	S	C	Y	N	I	R	Z	Q	B	O	S	C	V
E	U	I	H	K	G	Q	E	M	R	V	Z	M	A	A
R	F	R	A	T	I	T	C	A	L	A	T	S	E	Á
X	X	C	R	U	G	F	O	Q	G	R	U	T	X	C
C	O	N	T	I	N	E	N	T	E	D	M	C	L	I
M	I	N	E	R	A	L	E	S	V	E	Y	A	J	D
T	F	F	Í	Q	A	Z	N	B	H	I	O	Z	R	O
N	Z	V	N	S	G	D	R	J	K	P	O	R	Í	P

ÁCIDO
CALCIO
CAVERNA
CONTINENTE
CORAL
CAPA
CRISTALES
EROSIÓN
FUNDIDO
FÓSIL
GÉISER
LAVA
MINERALES
PIEDRA
MESETA
CUARZO
SAL
ESTALACTITA
VOLCÁN
ZONA

62 - Jardin

T	Í	N	L	F	X	Q	Z	G	O	Z	Y	S	O	P
L	C	N	Í	L	O	P	M	A	R	T	T	A	E	L
B	A	N	C	O	L	O	B	R	Á	E	R	Z	J	W
H	A	M	A	C	A	T	I	A	B	S	O	E	H	H
A	B	T	L	A	G	S	T	J	R	T	L	L	U	V
P	R	C	A	J	E	U	C	E	A	A	F	A	P	H
A	E	E	P	W	Z	B	S	O	S	N	L	M	E	S
Q	I	Z	U	P	Z	R	U	V	T	Q	B	X	N	R
L	H	M	B	G	Q	A	E	F	R	U	C	N	Z	R
J	A	R	D	Í	N	Z	L	L	I	E	É	I	B	A
V	A	L	L	A	L	A	O	U	L	S	S	E	T	H
I	S	C	I	C	Y	R	M	Y	L	L	P	E	L	X
C	L	Z	N	M	H	R	B	Y	O	M	E	V	D	O
F	Q	B	Y	T	M	E	C	I	V	P	D	I	V	S
C	E	H	B	I	C	T	Y	N	S	X	D	R	H	L

ÁRBOL
BANCO
ARBUSTO
VALLA
ESTANQUE
FLOR
GARAJE
HAMACA
HIERBA
JARDÍN
MALEZAS
PALA
CÉSPED
RASTRILLO
SUELO
TERRAZA
TRAMPOLÍN
MANGUERA
HUERTO
VID

63 - Santé et Bien Être #1

T	Í	L	Í	H	H	H	Á	B	I	T	O	P	D	M
E	M	E	D	I	C	I	N	A	C	I	N	Í	L	C
R	O	T	C	O	D	K	F	G	O	E	D	R	W	I
A	R	U	T	C	A	R	F	A	W	M	R	E	M	P
P	H	L	G	M	J	O	Q	S	N	V	P	F	U	V
I	L	O	Y	X	W	H	I	D	P	K	R	L	T	K
A	X	P	O	M	B	S	O	S	E	U	H	E	T	G
A	L	Q	O	I	A	X	S	R	S	M	Y	J	G	D
I	D	E	V	S	Q	L	J	P	M	H	J	O	E	O
C	N	Ó	I	S	E	L	T	P	X	O	Y	Q	W	V
A	K	C	T	P	T	P	O	U	D	D	N	H	C	I
M	Ú	S	C	U	L	O	S	E	R	B	M	A	H	R
R	X	W	A	R	U	T	S	O	P	A	Q	U	S	U
A	Y	Z	U	E	B	A	C	T	E	R	I	A	S	S
F	E	Í	T	R	A	T	A	M	I	E	N	T	O	W

ACTIVO
BACTERIAS
LESIÓN
CLÍNICA
HAMBRE
FRACTURA
HÁBITO
ALTURA
HORMONAS
DOCTOR
MEDICINA
MÚSCULOS
HUESOS
PIEL
FARMACIA
POSTURA
REFLEJO
TERAPIA
TRATAMIENTO
VIRUS

64 - Barbecues

F	A	M	I	L	I	A	Q	K	Z	E	D	E	B	S
N	T	M	G	V	C	S	O	Ñ	I	N	L	T	E	C
X	I	Z	P	X	E	Z	N	A	K	S	Í	N	G	I
J	U	E	G	O	S	R	A	M	E	A	N	E	C	A
H	N	A	E	O	T	L	A	L	E	L	A	I	S	V
A	L	M	U	E	R	Z	O	N	L	A	S	L	A	S
N	V	E	P	R	M	Z	V	U	O	D	N	A	L	P
F	X	J	S	B	N	Q	W	B	R	A	W	C	L	O
T	R	T	K	M	I	N	D	Z	S	S	W	O	O	L
O	B	U	H	A	P	A	R	R	I	L	L	A	B	L
M	P	X	T	H	P	I	M	I	E	N	T	A	E	O
A	M	E	E	A	V	E	R	D	U	R	A	S	C	J
T	I	J	C	U	C	H	I	L	L	O	S	A	V	B
E	D	P	D	N	Q	F	Í	S	T	B	C	R	F	Z
S	B	A	O	C	I	X	M	Ú	S	I	C	A	F	U

CALIENTE
CUCHILLOS
ALMUERZO
CENA
NIÑOS
VERANO
HAMBRE
FAMILIA
FRUTA
PARRILLA
JUEGOS
VERDURAS
MÚSICA
CEBOLLAS
PIMIENTA
POLLO
ENSALADAS
SALSA
SAL
TOMATES

65 - Forêt Tropicale

R	R	M	F	M	C	Y	C	P	I	C	F	R	S	U
Z	E	E	U	D	S	W	L	Á	N	O	N	E	E	Q
O	A	S	S	S	P	L	I	J	S	M	A	F	L	A
M	F	E	T	P	G	U	M	A	E	U	Z	U	V	A
C	S	B	W	A	E	O	A	R	C	N	E	G	A	D
O	R	U	R	Q	U	T	R	O	T	I	L	I	N	I
Z	I	N	B	R	T	R	O	S	O	D	A	O	B	V
S	O	R	E	F	Í	M	A	M	S	A	R	E	O	E
I	N	D	Í	G	E	N	A	C	D	D	U	S	T	R
F	V	A	L	I	O	S	O	H	I	I	T	P	Á	S
A	N	F	I	B	I	O	S	J	O	Ó	A	E	N	I
N	J	C	L	Í	Í	K	A	F	J	R	N	C	I	D
P	R	E	S	E	R	V	A	C	I	Ó	N	I	C	A
C	O	W	X	R	T	V	D	P	A	U	K	E	O	D
S	U	P	E	R	V	I	V	E	N	C	I	A	B	I

ANFIBIOS
BOTÁNICO
CLIMA
COMUNIDAD
DIVERSIDAD
ESPECIE
INDÍGENA
INSECTOS
SELVA
MAMÍFEROS
MUSGO
NATURALEZA
NUBES
PÁJAROS
VALIOSO
PRESERVACIÓN
REFUGIO
RESPETO
RESTAURACIÓN
SUPERVIVENCIA

66 - Ferme #1

F	C	P	C	Y	Í	Z	C	Í	Z	D	M	A	E	Í
O	E	A	U	G	A	T	S	S	L	W	V	G	X	J
D	R	R	B	B	W	N	H	Z	U	Y	A	R	D	K
H	U	B	T	A	A	H	E	T	N	O	S	I	B	C
C	P	A	W	I	L	B	N	K	T	S	I	C	G	Y
J	Q	C	I	O	L	L	O	P	W	Z	I	U	F	X
M	I	E	L	P	A	I	O	R	R	U	B	L	Y	Z
O	O	F	Í	M	V	X	Z	O	R	R	A	T	M	O
P	R	Y	D	A	V	O	Ñ	A	B	E	R	U	O	Z
G	E	N	R	C	R	T	Z	W	N	J	G	R	L	V
S	N	R	H	D	R	A	V	A	E	T	L	A	K	A
I	R	X	R	C	N	G	Í	B	A	R	E	P	Q	C
G	E	V	Q	O	O	V	R	E	U	C	L	Í	X	A
M	T	E	R	N	O	H	W	J	I	R	K	G	G	T
R	J	Í	L	V	W	X	T	A	H	M	H	N	A	U

ABEJA
AGRICULTURA
BURRO
BISONTE
CAMPO
GATO
CABALLO
CABRA
PERRO
VALLA
CUERVO
AGUA
FERTILIZANTE
HENO
MIEL
POLLO
ARROZ
REBAÑO
VACA
TERNERO

67 - Café

M	X	D	O	W	F	R	B	P	H	M	V	O	P	C
A	S	A	D	O	Y	U	M	R	A	C	Ú	Z	A	C
F	Q	S	I	R	X	B	Z	E	N	Z	X	K	B	R
Í	Í	H	U	G	K	Q	I	C	K	R	R	Y	E	E
B	A	J	Q	E	B	C	K	I	E	T	F	C	B	M
Z	I	L	Í	N	V	B	A	O	I	F	S	G	I	A
T	J	R	L	Z	G	Q	M	F	P	W	X	A	D	W
K	U	B	Q	D	T	Í	B	R	E	L	O	M	A	O
L	E	C	H	E	O	D	I	C	Á	Í	G	O	O	U
F	D	J	J	F	G	A	G	U	A	S	N	R	Y	F
V	I	E	Y	N	R	O	B	A	S	Z	E	A	P	Z
L	P	L	Z	M	A	Ñ	A	N	A	V	G	M	E	Q
V	T	T	T	E	M	Z	G	R	Y	P	I	G	I	A
B	A	X	I	R	A	D	A	D	E	I	R	A	V	Y
E	R	U	T	Í	O	Y	A	T	B	L	O	T	Z	K

ÁCIDO
AMARGO
AROMA
BEBIDA
CAFEÍNA
CREMA
AGUA
FILTRO
LECHE
LÍQUIDO
MAÑANA
MOLER
NEGRO
ORIGEN
PRECIO
ASADO
SABOR
AZÚCAR
TAZA
VARIEDAD

68 - Antarctique

T	B	H	I	E	L	O	A	G	U	A	G	I	P	P
R	E	N	Ó	I	C	I	D	E	P	X	E	N	E	Á
Q	A	M	O	Z	O	C	E	Q	M	W	O	V	N	J
L	S	B	P	Y	T	D	Q	M	Q	B	G	E	Í	A
R	E	T	N	E	N	I	T	N	O	C	R	S	N	R
H	B	Í	Q	S	R	R	C	S	H	D	A	T	S	O
R	U	R	K	Y	K	A	O	H	Q	E	F	I	U	S
I	N	Z	Q	S	Q	W	T	C	B	Y	Í	G	L	A
P	K	O	Z	M	Q	S	D	U	O	V	A	A	A	N
M	I	G	R	A	C	I	Ó	N	R	S	R	D	I	E
M	I	N	E	R	A	L	E	S	R	A	O	O	B	L
C	I	E	N	T	Í	F	I	C	O	L	C	R	A	L
Q	J	Z	N	N	F	S	A	X	I	S	E	X	H	A
T	O	P	O	G	R	A	F	Í	A	I	J	U	Í	B
J	G	L	A	C	I	A	R	E	S	W	H	T	A	H

BAHÍA
BALLENAS
INVESTIGADOR
CONTINENTE
AGUA
EXPEDICIÓN
GEOGRAFÍA
HIELO
GLACIARES
ISLAS
MIGRACIÓN
MINERALES
NUBES
PÁJAROS
PENÍNSULA
ROCOSO
CIENTÍFICO
TEMPERATURA
TOPOGRAFÍA

69 - Professions #2

D	O	P	I	I	I	C	F	C	B	O	O	N	R	M
M	R	R	N	L	N	A	T	S	I	T	N	E	D	É
W	E	O	V	U	V	T	A	I	B	D	J	J	Z	D
B	I	F	E	S	E	S	S	F	L	E	Y	A	O	I
B	N	E	N	T	S	I	T	P	I	T	A	R	Ó	C
L	E	S	T	R	T	Ü	R	I	O	E	C	D	L	O
Y	G	O	O	A	I	G	O	N	T	C	I	I	O	F
P	N	R	R	D	G	N	N	T	E	T	R	N	G	O
O	I	A	O	O	A	I	A	O	C	I	U	E	O	S
E	A	L	G	R	D	L	U	R	A	V	J	R	B	Ó
F	A	N	O	I	O	K	T	R	R	E	A	O	K	L
A	A	U	L	T	R	X	A	Q	I	J	N	J	A	I
P	I	K	Ó	X	O	L	F	C	O	E	O	F	X	F
P	E	R	I	O	D	I	S	T	A	J	S	S	Y	A
C	U	I	B	F	O	T	Ó	G	R	A	F	O	G	G

ASTRONAUTA
BIBLIOTECARIO
BIÓLOGO
INVESTIGADOR
CIRUJANO
DENTISTA
DETECTIVE
PROFESOR
ILUSTRADOR
INGENIERO
INVENTOR
JARDINERO
PERIODISTA
LINGÜISTA
MÉDICO
PINTOR
FILÓSOFO
FOTÓGRAFO
PILOTO
ZOÓLOGO

70 - Les Abeilles

W	O	M	E	P	R	I	A	R	L	Í	Z	Y	C	B
S	T	H	A	O	O	A	I	Z	Q	K	M	C	O	E
Í	C	V	J	C	L	L	O	S	Z	X	H	O	M	N
S	E	R	O	L	F	J	E	H	J	V	I	L	I	E
K	S	A	T	N	A	L	P	N	U	J	Z	M	D	F
J	N	A	R	E	I	N	A	Í	D	M	J	E	A	I
M	I	E	L	T	P	F	M	D	I	Z	O	N	T	C
T	B	R	G	A	P	L	E	R	V	V	Z	A	U	I
E	K	B	G	T	W	B	T	A	E	U	M	P	R	O
K	I	M	Q	I	Z	L	S	J	R	U	I	F	F	S
R	E	A	F	B	N	C	I	I	S	G	N	F	R	O
K	C	J	D	Á	T	B	S	C	I	T	X	A	M	K
E	E	N	D	H	J	D	O	P	D	O	H	N	Q	Í
N	R	E	C	R	M	M	C	X	A	D	N	U	Z	N
O	A	C	E	J	Q	C	E	Q	D	K	G	L	S	B

ALAS
BENEFICIOSO
CERA
DIVERSIDAD
ENJAMBRE
ECOSISTEMA
FLOR
FLORES
FRUTA
HUMO
HÁBITAT
INSECTO
JARDÍN
MIEL
COMIDA
PLANTAS
POLEN
REINA
COLMENA
SOL

71 - Santé et Bien Être #2

H	N	M	L	S	P	F	L	E	C	D	K	Z	X	N
I	Z	U	T	S	E	K	I	N	A	S	I	P	N	Ó
G	M	L	T	B	S	N	P	E	L	A	V	E	K	I
I	J	H	L	R	O	B	M	R	O	L	I	C	T	C
E	P	P	D	V	I	M	U	G	R	U	T	U	E	A
N	R	I	D	Y	P	C	D	Í	Í	D	A	E	N	R
E	K	O	Í	L	C	Z	I	A	A	A	M	R	F	E
L	A	P	E	T	I	T	O	Ó	M	B	I	P	E	P
A	C	I	T	É	N	E	G	R	N	L	N	O	R	U
T	L	A	I	Y	S	J	U	T	Z	E	A	I	M	C
I	L	E	R	G	N	A	S	É	R	T	S	E	E	E
P	Q	P	R	K	G	S	Y	M	L	Z	R	Z	D	R
S	V	Z	W	G	H	A	X	Y	F	I	C	Z	A	U
O	N	E	K	R	I	M	N	S	U	L	B	O	D	F
H	H	Z	Z	M	G	A	Í	M	O	T	A	N	A	R

ALERGIA
ANATOMÍA
APETITO
CALORÍA
CUERPO
DIETA
ENERGÍA
GENÉTICA
HOSPITAL
HIGIENE
ENFERMEDAD
MASAJE
NUTRICIÓN
PESO
RECUPERACIÓN
SALUDABLE
SANGRE
ESTRÉS
VITAMINA

72 - Conduite

M	P	G	A	T	E	L	C	I	C	O	T	O	M	C
M	E	Z	C	M	S	L	F	J	E	S	L	O	C	O
R	L	S	C	G	O	Z	T	G	K	E	X	F	A	M
Q	I	A	I	C	N	E	C	I	L	E	U	J	R	B
G	G	G	D	P	E	J	A	R	A	G	Í	A	R	U
F	R	C	E	T	R	O	P	S	N	A	R	T	E	S
P	O	H	N	N	F	X	E	I	O	W	F	U	T	T
T	O	G	T	J	Q	Í	Q	W	T	M	U	D	E	I
Ú	K	L	E	C	M	A	P	A	A	L	O	F	R	B
N	X	L	I	Q	X	J	P	Z	E	I	Y	T	A	L
E	H	C	O	C	H	A	U	L	P	R	X	V	O	E
L	D	P	J	T	Í	T	R	Á	F	I	C	O	Z	R
N	G	Z	K	O	D	A	D	I	C	O	L	E	V	C
S	E	G	U	R	I	D	A	D	C	A	M	I	Ó	N
U	A	H	G	X	Í	W	V	G	U	W	M	F	B	P

ACCIDENTE
CAMIÓN
COMBUSTIBLE
MAPA
PELIGRO
FRENOS
GARAJE
GAS
LICENCIA
MOTOR
MOTOCICLETA
PEATONAL
POLICÍA
CARRETERA
SEGURIDAD
TRÁFICO
TRANSPORTE
TÚNEL
VELOCIDAD
COCHE

73 - Plantes

R	F	X	Z	F	Á	G	O	I	E	E	H	F	N	U
P	A	A	P	E	R	C	Q	H	Y	S	I	H	V	R
É	V	Í	H	R	B	M	A	W	U	F	E	R	O	A
T	E	J	Z	T	O	T	G	C	N	Í	D	R	A	J
A	G	X	R	I	L	W	R	D	T	S	R	E	C	G
L	E	L	E	L	O	Y	O	W	N	U	A	C	I	I
O	T	O	L	I	J	X	E	O	D	E	S	E	N	T
T	A	M	V	Z	I	H	U	J	R	S	X	R	Á	C
S	C	Q	O	A	R	I	Q	E	A	R	A	C	T	X
U	I	M	G	N	F	E	S	H	R	L	K	P	O	Í
B	Ó	I	S	T	U	R	O	V	P	F	L	B	B	V
R	N	M	U	E	J	B	B	A	Y	A	R	O	L	F
A	B	A	M	B	Ú	A	N	J	F	D	H	K	F	C
T	A	S	H	Q	B	R	V	T	W	Y	D	U	P	R
B	Z	F	L	O	R	V	K	R	T	V	Í	J	S	H

ÁRBOL
BAYA
BAMBÚ
BOTÁNICA
ARBUSTO
CACTUS
FERTILIZANTE
FOLLAJE
FLOR
FLORA
BOSQUE
CRECER
FRIJOL
HIERBA
JARDÍN
HIEDRA
MUSGO
PÉTALO
RAÍZ
VEGETACIÓN

74 - Ferme #2

G	L	Z	M	P	E	A	X	D	Y	L	Q	A	O	L
C	J	A	F	R	E	M	U	W	U	Y	N	D	G	I
O	V	Z	Í	A	M	N	A	N	I	M	A	L	E	S
M	E	R	M	D	O	V	E	J	A	N	M	Q	I	T
I	G	I	S	O	R	E	D	R	O	C	A	W	R	R
D	E	S	G	R	C	E	B	A	D	A	L	K	R	A
A	T	S	R	E	C	H	N	Y	J	Y	L	X	B	C
Í	A	Y	F	N	Y	C	O	A	Y	F	T	J	W	T
B	L	I	D	A	K	E	H	P	A	S	T	O	R	O
A	T	R	B	R	N	L	X	U	A	E	R	G	E	R
P	J	V	L	G	L	E	J	D	E	S	X	I	F	B
A	A	F	I	F	P	Í	M	B	M	R	T	R	R	A
Y	K	T	Y	R	M	S	L	L	D	G	T	T	U	V
A	B	J	O	Q	Í	T	L	Í	O	G	O	O	T	J
A	G	R	I	C	U	L	T	O	R	C	S	G	A	W

CORDERO
AGRICULTOR
ANIMALES
PASTOR
TRIGO
PATO
FRUTA
GRANERO
RIEGO
LECHE
LLAMA
VEGETAL
MAÍZ
OVEJA
COMIDA
CEBADA
PRADO
COLMENA
TRACTOR
HUERTO

75 - Vacances #2

E	C	R	H	X	T	H	O	T	E	L	V	H	K	P
G	X	V	E	T	I	R	D	G	K	I	H	X	F	Z
X	T	T	T	X	O	L	A	L	S	I	X	A	T	N
W	V	W	R	S	K	F	G	N	I	P	M	A	C	V
Q	F	W	O	A	Z	P	Z	Z	S	V	I	A	J	E
C	Í	U	P	V	N	D	M	A	R	P	G	K	Y	J
C	V	Q	A	R	E	J	H	R	V	N	O	W	W	D
F	O	L	S	E	R	H	E	B	P	U	A	R	A	P
V	I	S	A	S	T	M	K	R	M	A	P	A	T	U
O	Í	E	P	E	J	P	O	H	O	J	R	Y	P	E
B	M	Q	F	R	A	I	R	J	A	I	A	M	L	V
D	E	S	T	I	N	O	A	B	V	F	C	X	A	L
A	E	R	O	P	U	E	R	T	O	G	E	O	Y	R
V	A	C	A	C	I	O	N	E	S	P	X	P	A	Í
R	E	S	T	A	U	R	A	N	T	E	Í	D	R	Q

AEROPUERTO
CAMPING
MAPA
DESTINO
EXTRANJERO
HOTEL
ISLA
OCIO
MAR
PASAPORTE
PLAYA
RESTAURANTE
RESERVAS
TAXI
CARPA
TREN
TRANSPORTE
VACACIONES
VISA
VIAJE

76 - Éthique

F	R	B	E	N	E	V	O	L	E	N	T	E	R	C
I	S	A	B	I	D	U	R	Í	A	S	I	H	E	O
L	V	A	L	O	R	E	S	Q	U	Í	N	U	S	M
O	M	S	I	L	A	E	R	A	T	P	T	M	P	P
S	U	T	C	O	D	A	D	N	O	B	E	A	E	A
O	T	O	O	C	P	Z	A	U	H	M	G	N	T	S
F	P	L	O	I	A	T	D	B	D	S	R	I	U	I
Í	A	E	P	T	L	A	I	A	A	A	I	D	O	Ó
A	C	R	E	Á	T	A	T	M	D	Q	D	A	S	N
L	I	A	R	M	R	Í	S	Í	I	G	A	D	O	G
V	E	N	A	O	U	F	E	Z	N	S	D	Y	I	P
M	N	C	C	L	I	Í	N	M	G	A	M	D	M	P
F	C	I	I	P	S	W	O	T	I	L	L	O	U	Y
M	I	A	Ó	I	M	V	H	J	D	G	D	I	Q	Z
A	A	F	N	D	O	R	A	Z	O	N	A	B	L	E

ALTRUISMO
BENEVOLENTE
COMPASIÓN
COOPERACIÓN
DIGNIDAD
DIPLOMÁTICO
BONDAD
HONESTIDAD
HUMANIDAD
INTEGRIDAD
OPTIMISMO
PACIENCIA
FILOSOFÍA
RAZONABLE
RESPETUOSO
REALISMO
SABIDURÍA
TOLERANCIA
VALORES

77 - Temps

Z	Z	L	J	P	Í	T	O	Ñ	A	N	A	Ñ	A	M
H	O	R	A	W	X	U	E	L	N	G	U	J	S	B
M	I	S	N	Í	M	D	G	R	T	N	O	C	H	E
I	R	I	A	Í	D	O	I	D	E	M	E	R	T	R
N	A	G	M	M	L	T	F	A	S	Y	A	S	X	U
U	D	L	E	K	P	N	Y	S	Z	Z	A	Q	Q	O
T	N	O	S	E	M	O	J	M	A	N	U	A	L	T
O	E	F	U	T	U	R	O	D	É	C	A	D	A	O
T	L	A	U	F	P	P	L	D	E	S	P	U	É	S
U	A	I	H	M	M	O	E	U	O	V	U	T	I	O
K	C	T	K	O	B	O	R	X	M	E	D	S	P	L
D	H	M	D	Q	R	B	Z	Z	D	C	M	Q	Y	A
X	N	L	B	F	G	A	J	Í	Z	Z	X	R	W	Q
B	Í	Z	T	F	E	Q	T	O	X	K	M	X	L	X
Í	H	B	T	R	A	A	Í	X	U	K	V	W	A	U

AÑO
ANUAL
DESPUÉS
ANTES
PRONTO
CALENDARIO
DÉCADA
FUTURO
HORA
AYER
RELOJ
DÍA
AHORA
MAÑANA
MEDIODÍA
MINUTO
MES
NOCHE
SEMANA
SIGLO

78 - Maison

H	Í	S	Y	U	O	A	E	N	E	M	I	H	C	F
A	N	I	C	O	C	C	T	T	Í	A	Y	S	O	Y
B	A	N	A	T	N	E	V	R	Í	T	A	X	R	T
I	L	H	M	D	W	T	P	G	E	O	Q	Q	T	Á
T	L	H	C	A	B	O	C	S	E	U	S	D	I	T
A	A	C	L	U	C	I	Z	F	D	Z	P	T	N	I
C	V	G	C	M	D	L	S	Ó	T	A	N	O	A	C
I	M	A	E	D	B	B	W	S	R	R	Í	H	S	O
Ó	C	R	H	F	L	I	Í	X	H	B	D	C	E	F
N	V	A	L	B	E	B	I	R	Q	M	R	E	V	C
M	D	J	M	D	S	Í	X	B	A	O	A	T	A	X
F	C	E	Z	W	P	U	S	L	U	F	J	Q	L	F
P	A	R	E	D	E	G	A	U	T	L	U	H	L	L
O	K	T	D	R	J	B	D	I	D	A	A	F	S	D
J	R	Z	T	J	O	L	Á	M	P	A	R	A	M	D

ESCOBA
BIBLIOTECA
HABITACIÓN
CHIMENEA
LLAVES
VALLA
COCINA
DUCHA
VENTANA
GARAJE
ÁTICO
JARDÍN
LÁMPARA
ESPEJO
PARED
PUERTA
CORTINAS
SÓTANO
ALFOMBRA
TECHO

79 - Famille

L	N	Y	A	B	Q	Í	L	P	M	I	B	A	R	S
Í	Z	T	S	E	J	Y	Z	P	Y	N	M	B	B	O
E	H	L	O	Í	T	P	R	K	I	F	B	U	F	B
R	J	O	P	W	O	N	R	E	T	A	M	E	R	R
D	O	Q	S	Q	N	I	Ñ	O	S	N	C	L	J	I
A	N	T	E	P	A	S	A	D	O	C	Z	O	I	N
P	A	T	E	R	N	O	U	L	P	I	R	C	K	A
O	M	S	O	B	R	I	N	O	E	A	S	M	Y	I
K	R	H	E	R	M	A	N	A	H	U	N	B	Í	A
B	E	P	R	U	D	F	F	B	I	L	B	T	Í	A
F	H	G	D	K	Í	F	P	T	J	L	S	A	W	P
T	L	Y	A	R	D	N	L	Q	A	N	P	T	W	R
Q	I	W	M	T	E	J	S	Í	K	R	I	X	M	I
B	N	Í	A	M	U	M	A	R	I	D	O	Ñ	K	M
D	Z	J	N	H	S	O	R	Z	B	T	K	C	O	O

ANTEPASADO
PRIMO
INFANCIA
NIÑO
NIÑOS
ESPOSA
HIJA
HERMANO
ABUELA
ABUELO
MARIDO
MATERNO
MADRE
SOBRINO
SOBRINA
TÍO
PATERNO
PADRE
HERMANA
TÍA

80 - Oiseaux

C	I	S	N	E	Á	N	Q	H	A	I	M	K	N	D
Z	G	T	I	F	G	G	C	Í	V	Q	G	T	N	X
G	O	G	A	U	U	U	A	Ñ	E	Ü	G	I	C	S
O	R	A	O	N	I	Ü	G	N	I	P	H	X	S	S
N	R	R	P	Á	L	P	N	N	S	A	X	T	U	I
Q	I	Z	O	C	A	A	B	U	F	O	V	E	U	H
O	Ó	A	L	U	T	L	P	M	Í	C	S	X	E	F
C	N	V	L	T	O	O	G	A	M	U	J	R	S	L
Z	U	V	O	S	I	M	M	H	T	C	S	E	K	A
L	A	E	R	O	V	A	P	S	P	O	Y	Q	S	M
L	C	I	R	P	A	A	V	E	S	T	R	U	Z	E
O	I	L	X	V	G	C	H	Z	Y	B	H	W	D	N
R	Z	Í	Q	Y	O	P	E	L	Í	C	A	N	O	C
O	V	T	R	B	F	W	O	S	P	R	D	N	D	O
P	H	A	I	Z	T	S	R	O	H	M	A	H	B	U

ÁGUILA
AVESTRUZ
PATO
CIGÜEÑA
PALOMA
CUERVO
CUCO
CISNE
FLAMENCO
GARZA
PINGÜINO
GORRIÓN
GAVIOTA
HUEVO
GANSO
PAVO REAL
LORO
PELÍCANO
POLLO
TUCÁN

81 - Disciplines Scientifiques

G	B	U	Q	J	D	B	Y	O	Q	J	P	X	L	A
E	A	I	Z	A	Í	G	O	L	O	C	I	S	P	R
O	C	N	O	W	W	Q	S	T	C	W	K	Z	G	Q
L	I	N	A	L	R	N	S	F	Á	B	Z	S	L	U
O	N	T	I	T	O	U	G	R	Í	N	D	K	G	E
G	Á	M	N	F	O	G	E	G	X	E	I	A	Y	O
Í	C	S	A	C	I	M	Í	U	Q	O	M	C	W	L
A	E	L	O	Y	V	B	Í	A	F	C	L	I	A	O
B	M	W	K	T	O	B	O	A	C	M	Y	M	R	G
M	E	T	E	O	R	O	L	O	G	Í	A	Í	D	Í
F	I	S	I	O	L	O	G	Í	A	S	M	U	P	A
X	Z	L	G	E	C	O	L	O	G	Í	A	Q	K	T
Z	H	F	Y	A	Í	G	O	L	O	I	C	O	S	N
Y	R	Í	A	C	I	T	S	Í	Ü	G	N	I	L	Q
I	N	M	U	N	O	L	O	G	Í	A	K	B	W	M

ANATOMÍA
ARQUEOLOGÍA
BIOQUÍMICA
BIOLOGÍA
BOTÁNICA
QUÍMICA
ECOLOGÍA
GEOLOGÍA
INMUNOLOGÍA
LINGÜÍSTICA
MECÁNICA
METEOROLOGÍA
FISIOLOGÍA
PSICOLOGÍA
SOCIOLOGÍA

82 - Maladie

R	J	H	D	A	S	Í	N	D	R	O	M	E	K	N
Y	K	U	É	N	B	T	E	R	A	P	I	A	X	Ó
L	S	E	B	Q	F	D	A	D	I	N	U	M	N	I
X	A	S	I	Í	O	S	O	I	G	A	T	N	O	C
K	L	O	L	R	A	N	O	M	L	U	P	L	C	A
L	U	S	C	B	Z	Í	H	N	I	A	D	G	X	M
C	D	R	I	I	R	A	T	S	E	N	E	I	B	A
W	R	P	T	S	T	R	O	L	K	R	A	V	Y	L
Z	A	Ó	Q	J	D	É	H	D	W	G	T	L	Y	F
O	B	S	N	E	Y	B	N	C	O	R	A	Z	Ó	N
Y	M	C	R	I	O	P	R	E	U	C	K	N	M	I
H	U	I	P	Z	C	G	M	N	G	U	U	M	O	J
T	L	W	H	C	V	A	A	L	E	R	G	I	A	S
N	E	U	R	O	P	A	T	Í	A	B	A	U	Y	Q
H	E	R	E	D	I	T	A	R	I	O	T	H	I	I

ABDOMINAL
ALERGIAS
BIENESTAR
CRÓNICA
CONTAGIOSO
CUERPO
CORAZÓN
DÉBIL
GENÉTICO
HEREDITARIO
INMUNIDAD
INFLAMACIÓN
LUMBAR
NEUROPATÍA
HUESOS
PULMONAR
SALUD
SÍNDROME
TERAPIA

83 - Émotions

A	C	R	M	I	E	D	O	B	C	A	I	A	A	E
M	G	O	E	L	O	Q	Y	O	D	B	R	L	Z	M
L	M	R	N	L	L	Q	G	N	A	U	A	I	E	O
A	T	O	A	T	A	T	V	D	R	R	Í	V	T	C
C	U	M	S	D	E	J	G	A	D	R	T	I	S	I
T	G	A	Z	A	E	N	A	D	U	I	A	O	I	O
D	V	I	Í	K	Í	C	I	D	M	M	P	H	R	N
Y	H	M	S	J	D	J	I	D	O	I	M	C	T	A
Z	O	R	E	K	F	V	N	D	O	E	I	E	E	D
A	L	E	G	R	Í	A	F	J	O	N	S	F	R	O
P	S	O	R	P	R	E	S	A	G	T	R	S	N	U
S	E	J	B	Q	N	L	U	O	B	O	X	I	U	F
M	D	A	D	I	L	I	U	Q	N	A	R	T	R	R
R	O	O	D	A	Z	N	O	G	R	E	V	A	A	M
H	X	X	K	F	M	G	C	J	O	C	I	S	K	O

AMOR
CALMA
IRA
CONTENIDO
RELAJADO
AVERGONZADO
ABURRIMIENTO
EMOCIONADO
BONDAD
ALEGRÍA
PAZ
MIEDO
AGRADECIDO
ALIVIO
SATISFECHO
SORPRESA
SIMPATÍA
TERNURA
TRANQUILIDAD
TRISTEZA

84 - Univers

F	T	Z	H	E	M	I	S	F	E	R	I	O	A	G
S	O	L	A	R	O	D	A	U	C	E	J	E	S	K
S	H	O	R	I	Z	O	N	T	E	I	O	P	T	N
O	K	C	A	O	M	D	U	T	I	T	A	L	E	G
L	C	I	Í	D	C	H	I	S	S	B	Q	S	R	A
S	I	M	M	Y	K	C	M	O	Í	D	R	U	O	L
T	E	S	O	S	C	U	R	I	D	A	D	Ó	I	A
I	L	Ó	N	I	E	X	C	P	L	L	Z	O	D	X
C	O	C	O	B	A	C	C	O	J	U	J	C	E	I
I	R	G	R	J	M	O	S	C	J	P	N	Z	Z	A
O	Z	H	T	A	R	E	F	S	Ó	M	T	A	N	N
Y	S	B	S	N	T	J	Y	E	M	Y	F	V	J	P
R	H	K	A	R	F	I	R	L	Q	N	D	W	G	S
V	I	S	I	B	L	E	W	E	Í	C	D	M	P	M
L	O	N	G	I	T	U	D	T	F	C	F	E	Z	S

ASTEROIDE
ASTRONOMÍA
ATMÓSFERA
CIELO
CÓSMICO
ECUADOR
GALAXIA
HEMISFERIO
HORIZONTE
LATITUD
LONGITUD
LUNA
OSCURIDAD
ÓRBITA
SOLAR
SOLSTICIO
TELESCOPIO
VISIBLE

85 - Géographie

H	T	Q	C	K	T	R	X	Q	H	E	Z	R	L	G
E	E	I	O	Í	R	B	Y	I	H	P	M	A	A	C
M	R	C	N	A	R	D	A	D	U	I	C	A	T	L
I	R	L	T	Y	S	U	R	N	O	R	T	E	I	H
S	I	Z	I	M	Í	T	A	Ó	Í	D	S	D	T	G
F	T	D	N	I	A	I	M	I	F	F	N	B	U	W
E	O	E	E	Y	P	T	S	G	F	K	Z	U	D	O
R	R	N	N	W	L	L	C	E	I	Z	Z	N	M	C
I	I	U	T	V	H	A	T	R	S	V	O	H	I	É
O	O	M	E	M	E	R	I	D	I	A	N	O	S	A
W	I	A	Ñ	A	T	N	O	M	N	N	L	I	L	N
U	J	P	T	W	S	O	Q	T	E	I	L	T	A	O
F	L	A	E	G	E	W	K	P	U	C	H	X	A	C
W	Y	L	X	K	O	E	R	R	Í	Y	L	V	C	V
F	N	R	N	U	Q	I	I	A	P	I	C	B	Y	X

ALTITUD
ATLAS
MAPA
CONTINENTE
RÍO
HEMISFERIO
ISLA
LATITUD
MAR
MERIDIANO
MUNDO
MONTAÑA
NORTE
OCÉANO
OESTE
PAÍS
REGIÓN
SUR
TERRITORIO
CIUDAD

86 - Danse

E	W	Q	O	Í	S	N	C	G	H	U	K	X	I	O
X	U	X	E	W	T	I	K	U	R	F	F	S	G	T
P	V	C	A	L	E	G	R	E	L	A	H	L	Z	R
R	I	L	Í	M	Ú	S	I	C	A	T	C	R	L	A
E	S	Á	F	K	T	R	I	T	M	O	U	I	Z	D
S	U	S	A	I	M	E	D	A	C	A	W	R	A	I
I	A	I	R	L	B	W	I	I	U	R	G	H	A	C
V	L	C	G	A	Q	E	N	G	S	U	W	X	O	I
O	U	O	O	R	U	N	U	N	A	T	H	M	E	O
D	C	T	E	T	S	P	T	P	L	S	J	Í	D	N
I	O	P	R	E	U	C	Q	M	T	O	P	H	V	A
F	Í	I	O	Y	A	S	N	E	A	P	E	K	Í	L
N	Ó	I	C	O	M	E	L	A	R	U	T	L	U	C
K	W	Y	Y	O	T	N	E	I	M	I	V	O	M	Í
G	Q	U	F	M	S	R	K	R	S	K	K	C	A	J

ACADEMIA
ARTE
COREOGRAFÍA
CLÁSICO
CUERPO
CULTURA
CULTURAL
EXPRESIVO
EMOCIÓN
GRACIA

ALEGRE
MOVIMIENTO
MÚSICA
SOCIO
POSTURA
ENSAYO
RITMO
SALTAR
TRADICIONAL
VISUAL

87 - Bâtiments

O	B	S	E	R	V	A	T	O	R	I	O	C	C	C
S	U	P	E	R	M	E	R	C	A	D	O	C	A	A
F	V	U	N	T	I	H	E	M	U	S	E	O	B	S
T	F	C	I	C	B	H	P	A	O	X	J	I	I	T
U	E	Y	C	W	L	P	H	T	T	N	A	R	N	I
N	B	A	L	E	U	C	S	E	N	Í	R	O	A	L
I	Z	D	T	R	G	J	K	R	E	Z	A	T	H	L
V	E	A	H	R	R	N	Q	L	M	X	G	A	O	O
E	X	J	I	O	O	R	E	N	A	R	G	R	T	I
R	F	A	E	T	S	T	T	V	T	K	E	O	E	D
S	L	B	A	I	V	P	R	Q	R	I	P	B	L	A
I	N	M	K	S	J	H	I	X	A	P	R	A	C	T
D	Í	E	T	O	D	N	B	T	P	R	P	L	Í	S
A	C	I	R	B	Á	F	Í	W	A	X	V	D	M	E
D	J	A	J	C	D	X	P	N	I	L	W	E	Z	U

EMBAJADA
APARTAMENTO
CABINA
CASTILLO
CINE
ESCUELA
GARAJE
GRANERO
HOSPITAL
HOTEL
LABORATORIO
MUSEO
OBSERVATORIO
ESTADIO
SUPERMERCADO
CARPA
TEATRO
TORRE
UNIVERSIDAD
FÁBRICA

88 - Activités et Loisirs

O	A	C	S	E	P	P	B	T	N	N	Y	Y	Í	N
F	R	U	S	Í	L	U	I	G	E	J	A	I	V	A
A	T	G	O	L	F	K	H	N	E	N	I	W	X	T
F	E	S	D	L	W	L	G	I	T	K	I	G	Q	A
I	B	U	C	E	O	O	U	Y	N	U	P	S	X	C
C	V	D	I	U	M	B	M	W	A	L	R	V	G	I
I	X	C	G	E	S	S	I	T	J	C	S	A	W	Ó
O	F	M	E	J	I	I	Z	E	A	D	N	Y	Y	N
N	Q	I	D	J	R	É	Q	W	L	O	B	T	Ú	F
E	N	C	K	Í	E	B	N	W	E	O	G	Y	H	C
S	Y	H	N	M	D	P	K	Í	R	I	V	Z	H	X
B	O	X	E	O	N	C	A	M	P	I	N	G	X	H
K	A	Q	Í	P	E	B	C	A	R	R	E	R	A	S
O	O	K	O	T	S	E	C	N	O	L	A	B	D	C
J	A	R	D	I	N	E	R	Í	A	B	Q	L	G	Y

ARTE
BÉISBOL
BALONCESTO
BOXEO
CAMPING
CARRERAS
FÚTBOL
GOLF
JARDINERÍA
NATACIÓN
AFICIONES
PINTURA
PESCA
BUCEO
SENDERISMO
RELAJANTE
SURF
TENIS
VOLEIBOL
VIAJE

89 - Livres

P	L	M	H	P	C	O	L	E	C	C	I	Ó	N	K
O	G	I	X	I	Á	T	V	X	G	P	R	D	I	I
E	Y	L	T	D	S	G	C	O	N	T	E	X	T	O
S	V	E	Y	E	Z	T	I	T	H	Í	H	P	I	C
Í	L	C	H	N	R	F	O	N	B	L	I	E	N	I
A	Y	T	X	R	T	A	Í	R	A	B	S	R	V	T
Í	S	O	C	I	G	Á	R	T	I	D	T	T	E	S
H	E	R	T	Í	A	X	A	I	J	A	Ó	I	N	Í
A	R	P	O	E	M	A	D	S	O	D	R	N	T	R
T	I	H	M	Í	Z	G	B	A	W	I	I	E	I	O
K	E	I	I	E	R	B	V	U	R	L	C	N	V	M
N	A	R	R	A	D	O	R	T	N	A	O	T	O	U
E	P	O	P	E	Y	A	U	O	E	U	M	E	Q	H
A	V	E	N	T	U	R	A	R	K	D	A	G	A	L
R	Y	L	C	C	Í	N	O	V	E	L	A	F	U	O

AUTOR
AVENTURA
COLECCIÓN
CONTEXTO
DUALIDAD
EPOPEYA
HISTORIA
HISTÓRICO
HUMORÍSTICO
INVENTIVO
LECTOR
LITERARIO
NARRADOR
PÁGINA
PERTINENTE
POEMA
POESÍA
NOVELA
SERIE
TRÁGICO

90 - Pays #2

C	A	Í	V	J	M	É	X	I	C	O	L	F	A	Y
B	H	T	S	C	A	D	N	A	G	U	J	Y	L	U
D	T	I	U	Q	I	P	N	Í	P	H	T	R	B	S
P	X	A	N	W	C	X	Ó	G	E	Q	M	M	A	S
A	A	H	Á	A	N	H	O	N	A	B	Í	L	N	R
K	R	Q	D	Í	A	I	N	E	K	F	M	B	I	X
I	I	U	U	T	R	L	A	A	Í	B	S	F	A	S
S	N	U	S	E	F	J	U	P	I	U	J	F	S	I
T	D	C	O	I	D	I	N	A	M	A	R	C	A	R
Á	O	R	A	N	A	C	L	I	O	C	P	Q	I	I
N	N	A	L	A	D	N	A	L	R	I	J	U	Q	A
B	E	N	Q	O	D	T	L	A	N	A	W	F	T	M
T	S	I	S	C	S	V	Q	M	Z	M	Q	Q	T	P
E	I	A	N	L	B	Q	L	O	Q	A	G	Z	M	O
N	A	O	Y	Y	K	S	B	S	Q	J	J	Y	M	H

ALBANIA
CHINA
DINAMARCA
FRANCIA
HAITÍ
INDONESIA
IRLANDA
JAMAICA
JAPÓN
KENIA
LAOS
LÍBANO
MÉXICO
UGANDA
PAKISTÁN
RUSIA
SOMALIA
SUDÁN
SIRIA
UCRANIA

91 - Fournitures d'Art

H	Q	Z	H	H	S	M	V	C	D	K	B	O	V	B
C	K	K	O	F	O	X	I	I	Á	W	R	N	I	O
R	A	I	C	J	L	B	A	D	G	M	Z	Ó	U	R
E	C	Y	J	S	L	A	S	E	M	A	A	B	I	R
A	U	A	C	E	I	T	E	A	A	Q	K	R	B	A
T	A	K	P	R	P	N	S	S	L	G	L	A	A	D
I	R	C	E	O	E	I	A	P	L	S	U	C	N	O
V	E	A	G	L	C	T	R	M	I	Y	I	A	S	R
I	L	B	A	O	X	I	P	A	S	T	E	L	E	S
D	A	A	M	C	W	Q	L	W	M	T	F	D	G	E
A	S	L	E	C	F	P	H	Í	H	K	E	A	U	C
D	R	L	N	G	B	A	W	K	R	Q	O	Z	W	I
U	Y	E	T	Z	O	P	B	C	Q	C	C	L	J	P
R	J	T	O	U	K	E	E	S	D	Í	A	J	P	Á
O	U	E	C	L	G	L	A	R	C	I	L	L	A	L

ACRÍLICO
ACUARELAS
ARCILLA
CEPILLOS
CÁMARA
SILLA
CARBÓN
CABALLETE
PEGAMENTO
COLORES
LÁPICES
CREATIVIDAD
AGUA
TINTA
BORRADOR
ACEITE
IDEAS
PAPEL
PASTELES
MESA

92 - Jazz

F	N	B	P	S	K	N	D	T	A	T	S	A	T	I
U	A	Y	W	Y	O	L	F	É	R	A	V	V	A	M
H	C	V	G	X	T	L	J	C	T	L	S	P	X	P
Q	I	P	O	É	I	I	O	N	I	E	O	L	I	R
B	S	A	L	R	N	G	S	I	S	N	T	Y	N	O
H	Ú	Z	I	R	I	E	E	C	T	T	R	C	Ó	V
I	M	Y	T	Y	Z	T	R	A	A	O	E	E	I	I
M	R	Z	S	W	H	O	O	O	M	T	I	R	C	S
B	U	E	E	S	C	V	B	S	U	H	C	W	I	A
C	A	N	C	I	Ó	N	M	O	B	X	N	U	S	C
B	R	Z	Y	L	V	K	A	M	L	N	O	M	O	I
V	I	E	J	O	H	Y	T	A	Á	Í	C	Q	P	Ó
O	R	Q	U	E	S	T	A	F	Í	U	N	Q	M	N
C	E	N	W	P	C	O	M	P	O	S	I	T	O	R
L	R	I	D	O	N	U	E	V	O	Í	S	B	C	W

ÁLBUM
ARTISTA
FAMOSO
CANCIÓN
COMPOSITOR
COMPOSICIÓN
CONCIERTO
FAVORITOS
GÉNERO
IMPROVISACIÓN
MÚSICA
NUEVO
ORQUESTA
RITMO
SOLO
ESTILO
TALENTO
TAMBORES
TÉCNICA
VIEJO

93 - Paysages

S	O	X	O	T	U	N	D	R	A	D	O	C	T	V
B	Z	J	S	O	G	Q	J	Y	V	C	I	J	P	A
G	É	I	S	E	R	C	U	E	V	A	R	M	A	L
W	F	T	P	E	N	Í	N	S	U	L	A	A	N	L
E	O	T	R	E	I	S	E	D	V	B	U	R	T	E
I	C	K	Í	E	D	I	E	Q	O	L	T	X	A	G
Y	C	O	O	Q	C	S	I	Í	L	A	S	F	N	T
F	G	E	L	G	Í	A	E	K	C	G	E	V	O	G
V	Í	J	B	I	J	O	R	I	Á	O	A	X	R	M
E	E	S	I	E	N	J	J	I	N	N	D	L	E	N
P	S	T	J	Y	R	A	I	S	L	A	A	B	X	G
E	L	X	E	I	O	G	N	M	S	K	C	M	I	N
L	X	A	Ñ	A	T	N	O	M	F	Q	S	O	J	M
R	R	K	Y	S	S	F	Y	N	I	X	A	E	Í	M
J	Í	N	J	A	N	H	K	G	L	A	C	I	A	R

CASCADA
COLINA
DESIERTO
ESTUARIO
RÍO
GÉISER
GLACIAR
CUEVA
ICEBERG
ISLA
LAGO
PANTANO
MAR
MONTAÑA
OASIS
PENÍNSULA
PLAYA
TUNDRA
VALLE
VOLCÁN

94 - Pays #1

R	M	A	L	Í	I	S	N	K	X	B	V	I	N	K
M	U	Á	A	L	E	M	A	N	I	A	R	S	O	L
A	X	M	A	R	G	E	N	T	I	N	A	I	R	I
R	P	A	A	I	N	O	L	O	P	J	Z	W	U	S
R	Z	N	I	N	D	O	T	W	G	L	K	H	E	R
U	P	A	B	H	I	E	C	U	A	D	O	R	G	A
E	C	P	I	O	Q	A	B	R	A	S	I	L	A	E
C	O	A	L	N	I	C	A	R	A	G	U	A	O	L
O	Í	I	N	E	S	P	A	Ñ	A	Í	H	H	K	A
S	K	P	B	A	V	E	N	E	Z	U	E	L	A	M
X	O	W	L	V	D	O	F	C	H	Q	X	I	K	L
H	J	G	S	C	S	Á	Z	S	B	C	V	N	W	Z
F	I	N	L	A	N	D	I	A	F	K	E	D	Q	Í
A	F	G	A	N	I	S	T	Á	N	J	R	I	G	E
I	W	P	F	I	L	I	P	I	N	A	S	A	V	F

AFGANISTÁN
ALEMANIA
ARGENTINA
BRASIL
CANADÁ
ESPAÑA
ECUADOR
FINLANDIA
INDIA
ISRAEL
LIBIA
MALÍ
MARRUECOS
NICARAGUA
NORUEGA
PANAMÁ
FILIPINAS
POLONIA
RUMANIA
VENEZUELA

95 - Nombres

J	O	Z	Z	D	E	V	V	E	K	V	B	X	M	Y
T	R	E	C	E	O	H	C	O	J	E	M	F	M	E
R	T	I	T	V	C	S	L	A	M	I	C	E	D	B
M	A	D	E	E	N	C	E	R	O	N	J	H	X	U
M	U	G	U	U	I	I	H	L	C	T	Q	N	Q	S
D	C	I	W	N	C	S	O	Q	W	E	T	R	E	S
V	I	X	O	X	E	I	D	R	Y	P	C	A	T	I
D	E	E	H	D	Í	E	R	Q	F	N	A	P	E	É
L	C	X	C	V	T	S	R	I	R	I	T	J	I	S
M	I	R	O	I	Q	U	I	N	C	E	O	W	S	I
N	X	T	I	O	N	M	N	Y	S	D	R	E	I	C
B	C	T	C	U	O	U	D	O	C	E	C	S	C	E
A	J	Q	E	X	Q	U	E	P	A	B	E	L	E	I
Z	G	Y	I	T	R	Z	U	V	R	T	C	Q	I	D
D	S	W	D	U	A	U	N	U	E	E	Z	D	D	K

CINCO
DOS
DECIMAL
DIEZ
DIECIOCHO
DIECINUEVE
DIECISIETE
DOCE
OCHO
NUEVE
CATORCE
CUATRO
QUINCE
DIECISÉIS
SIETE
SEIS
TRECE
TRES
VEINTE
CERO

96 - Psychologie

S	E	N	S	A	C	I	Ó	N	F	K	J	G	I	S
H	Q	Z	E	V	A	L	U	A	C	I	Ó	N	D	U
Q	T	X	P	E	R	C	E	P	C	I	Ó	N	E	E
S	A	I	C	N	E	I	R	E	P	X	E	Q	A	Ñ
U	A	S	X	R	Q	C	E	E	H	B	S	X	S	O
C	K	I	B	W	M	Í	O	V	A	I	C	N	I	S
C	W	L	C	V	S	Y	T	N	Í	L	J	J	D	T
L	K	Q	Z	N	Z	Í	G	I	F	S	I	Z	C	P
W	M	U	M	R	E	R	U	A	E	L	U	D	S	L
R	L	P	O	U	X	U	Í	Z	U	D	I	Z	A	A
P	E	R	S	O	N	A	L	I	D	A	D	C	A	D
P	R	O	B	L	E	M	A	F	D	H	Y	G	T	F
E	I	E	T	N	E	I	C	S	N	O	C	N	I	O
G	H	I	N	F	A	N	C	I	A	I	N	F	C	H
O	V	C	L	Í	N	I	C	O	H	L	H	U	G	E

CLÍNICO
CONFLICTO
EGO
INFANCIA
EXPERIENCIAS
EVALUACIÓN
IDEAS
INCONSCIENTE
INFLUENCIAS
PERCEPCIÓN
PERSONALIDAD
PROBLEMA
CITA
REALIDAD
SUEÑOS
SENSACIÓN

97 - Nature

P	R	A	I	C	A	L	G	Y	T	C	A	R	Á	B
A	S	E	Q	P	R	A	T	H	B	Q	V	G	R	E
C	A	I	F	W	R	T	S	N	U	B	E	S	T	L
Í	N	D	M	U	R	I	O	E	G	Y	V	U	I	L
F	T	B	D	W	G	V	Z	O	R	E	E	Y	C	E
I	U	A	L	B	E	I	N	N	Í	E	Q	Í	O	Z
C	A	L	L	L	W	U	O	Ó	D	H	N	A	Í	A
O	R	S	R	J	U	Q	Q	I	P	O	T	O	R	Q
M	I	E	J	A	V	L	A	S	A	J	E	B	A	J
Í	O	L	J	L	L	X	M	O	O	Y	O	G	T	O
Z	O	A	H	E	V	G	J	R	F	B	T	X	M	T
P	Z	M	O	A	N	O	Z	E	G	S	D	M	C	E
M	S	I	H	Y	F	O	L	L	A	J	E	X	Z	O
D	I	N	Á	M	I	C	O	T	R	E	I	S	E	D
U	L	A	C	I	P	O	R	T	H	T	P	Í	F	V

ABEJAS
REFUGIO
ANIMALES
ÁRTICO
BELLEZA
NIEBLA
DESIERTO
DINÁMICO
EROSIÓN
FOLLAJE
RÍO
BOSQUE
GLACIAR
NUBES
PACÍFICO
SANTUARIO
SALVAJE
SERENO
TROPICAL
VITAL

98 - Chimie

M	O	L	É	C	U	L	A	W	N	E	S	A	L	Q
U	R	N	C	L	U	B	M	Y	U	L	Í	L	W	T
Í	O	D	I	A	A	P	U	G	C	E	K	N	H	J
X	L	P	Q	L	T	H	Y	A	L	C	Q	I	I	O
J	C	Y	L	L	A	A	O	S	E	T	X	D	D	B
E	N	Z	I	M	A	C	L	W	A	R	Y	F	R	Í
A	T	Ó	M	I	C	O	L	I	R	Ó	E	W	Ó	M
C	A	R	B	O	N	O	C	A	Z	N	P	N	G	E
E	M	I	O	N	H	J	P	A	B	A	H	J	E	T
Á	C	I	D	O	Q	D	E	S	L	Q	D	P	N	A
W	F	X	I	V	K	S	S	S	V	O	A	O	O	L
D	O	C	U	A	Z	G	O	Í	C	Í	R	U	R	E
P	W	M	Q	Z	P	K	J	K	F	T	G	Í	Z	S
Í	O	I	Í	C	M	K	O	X	Í	G	E	N	O	V
V	Í	V	L	T	E	M	P	E	R	A	T	U	R	A

ÁCIDO
ALCALINO
ATÓMICO
CARBONO
CATALIZADOR
CALOR
CLORO
ENZIMA
ELECTRÓN
GAS
HIDRÓGENO
ION
LÍQUIDO
METALES
MOLÉCULA
NUCLEAR
OXÍGENO
PESO
SAL
TEMPERATURA

99 - Bateaux

T	R	I	P	U	L	A	C	I	Ó	N	Q	O	L	N
M	O	T	O	R	U	Y	R	R	E	F	P	C	A	Á
G	Í	J	V	U	Z	O	Y	A	T	E	Í	É	G	U
Y	R	F	A	J	O	B	E	S	Y	A	P	A	O	T
B	J	V	R	C	A	N	O	A	N	I	O	N	P	I
K	A	Y	A	K	Y	Q	R	V	S	O	C	O	E	C
Z	K	L	I	T	S	Á	M	E	A	W	U	F	G	O
M	Í	Z	S	A	L	O	I	L	N	D	E	O	I	I
N	A	I	O	A	Q	T	O	E	C	E	R	M	O	A
G	V	R	M	A	R	E	A	R	L	Í	D	I	A	S
N	R	Z	I	Q	F	L	V	O	A	Í	A	B	D	R
B	L	Q	C	N	I	S	K	J	Y	I	Q	Y	N	O
P	W	C	A	A	E	T	B	S	G	I	T	F	L	H
N	Z	M	F	A	X	R	D	K	S	Z	Y	Í	U	B
V	W	P	P	Í	F	T	O	V	R	V	D	Y	P	H

ANCLA
BOYA
CANOA
CUERDA
TRIPULACIÓN
FERRY
RÍO
KAYAK
LAGO
MAREA
MARINERO
MÁSTIL
MAR
MOTOR
NÁUTICO
OCÉANO
BALSA
OLAS
VELERO
YATE

100 - Mesures

Q	A	S	P	U	Í	U	O	R	T	I	L	K	Q	P
J	T	J	P	E	S	O	T	N	L	D	F	N	G	R
D	E	C	I	M	A	L	U	Z	Z	N	C	I	Q	O
V	U	X	O	G	N	Í	N	V	K	A	E	A	I	F
G	Í	X	R	E	K	O	I	B	D	D	N	M	K	U
F	N	W	T	U	B	M	M	G	F	A	T	Y	I	N
T	O	N	E	L	A	D	A	A	K	G	Í	D	L	D
G	R	A	M	O	E	H	Y	N	E	L	M	U	O	I
D	T	A	Ó	M	A	S	A	C	A	U	E	T	G	D
M	E	H	L	B	K	I	W	H	Q	P	T	I	R	A
A	M	Q	I	T	Y	N	F	O	D	A	R	G	A	D
Y	Y	U	K	V	U	T	T	N	B	W	O	N	M	X
M	Q	W	T	O	Z	R	E	W	H	A	W	O	O	L
D	D	Z	E	P	T	C	A	N	E	M	U	L	O	V
X	M	K	N	I	I	M	G	J	O	O	D	D	Í	Y

CENTÍMETRO
GRADO
DECIMAL
GRAMO
ALTURA
KILOGRAMO
KILÓMETRO
ANCHO
LITRO
LONGITUD
MASA
METRO
MINUTO
BYTE
ONZA
PESO
PULGADA
PROFUNDIDAD
TONELADA
VOLUMEN

1 - Adjectifs #2

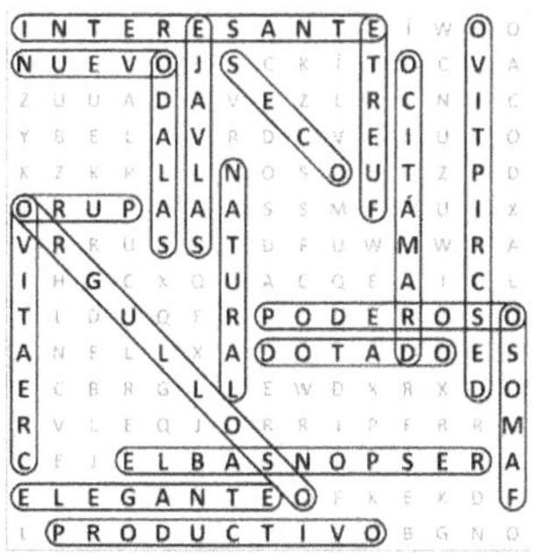

2 - Formes

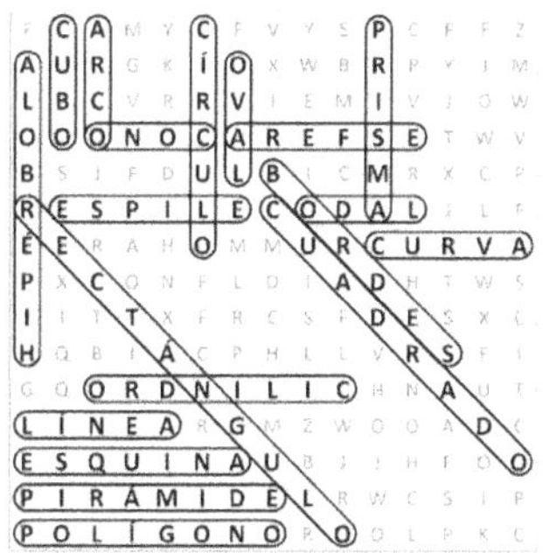

3 - Force et Gravité

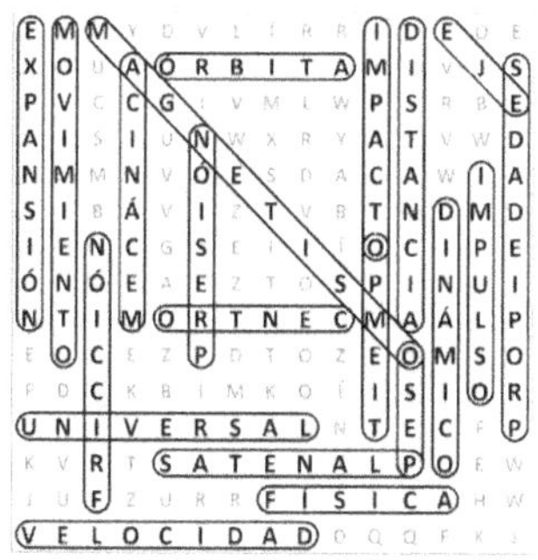

4 - Adjectifs #1

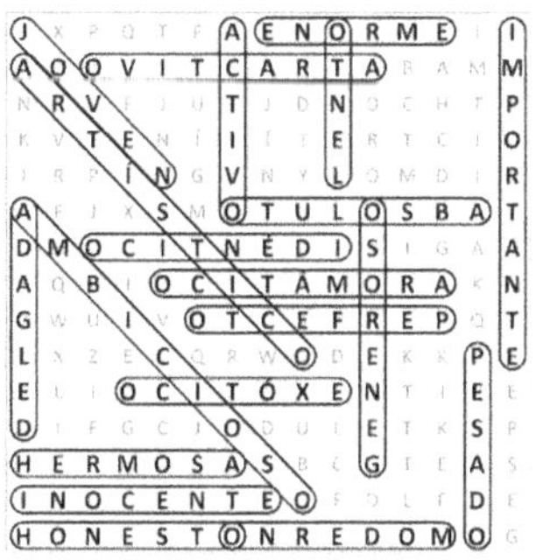

5 - Instruments de Musique

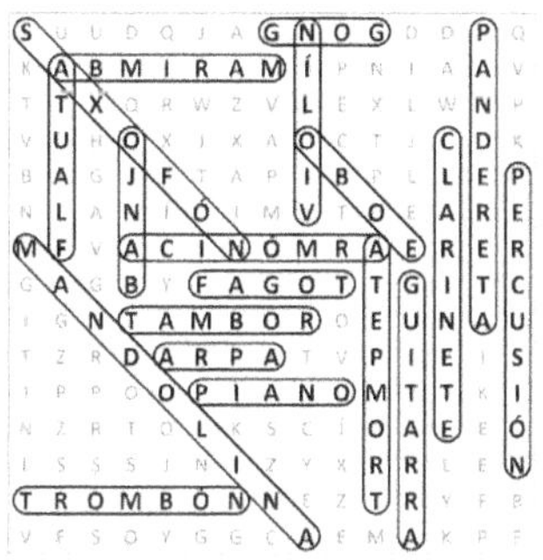

6 - Herboristerie

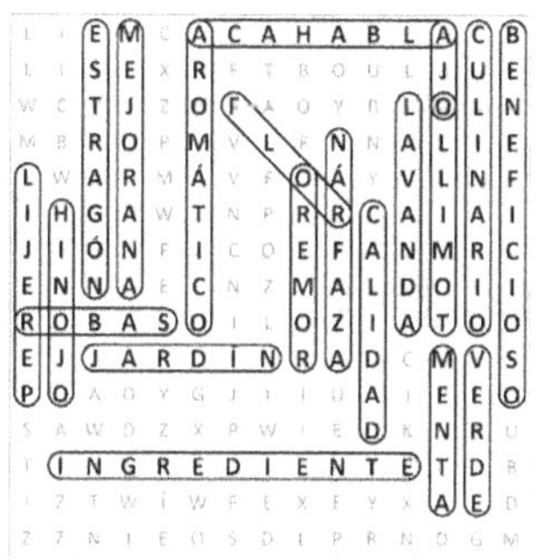

7 - Camping

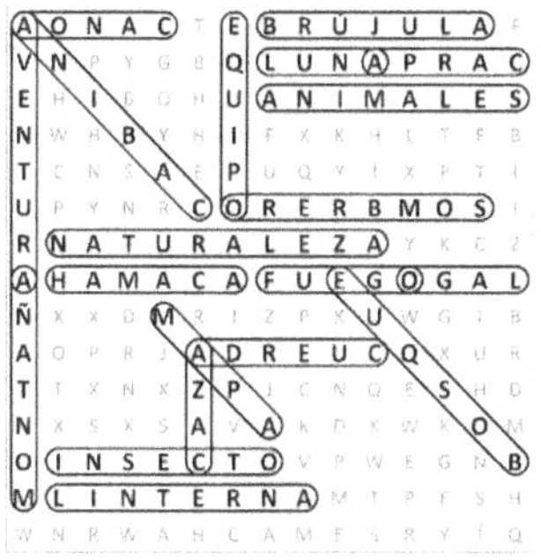

8 - Écologie

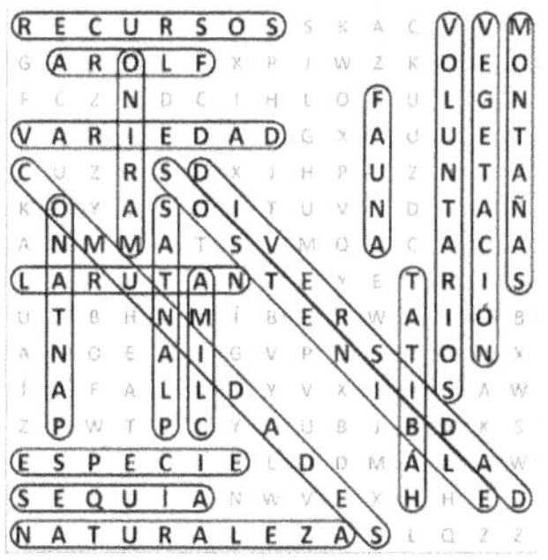

9 - Géométrie

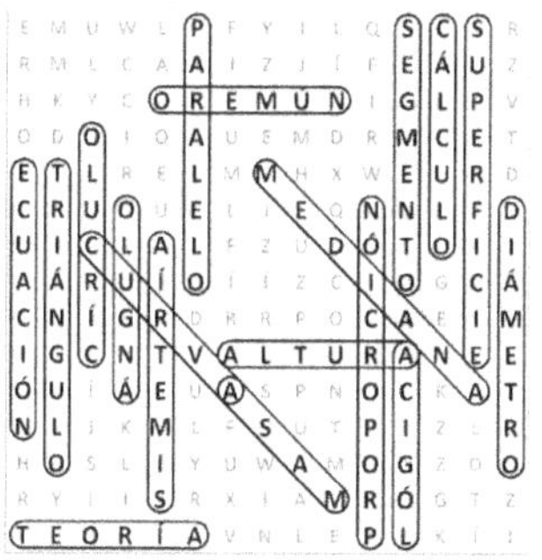

10 - Les Médias

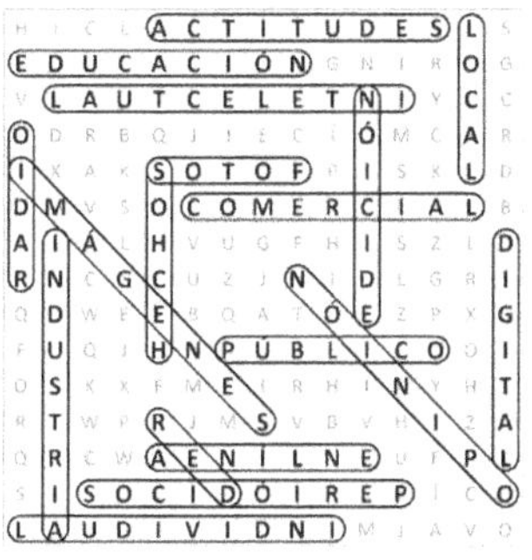

11 - Diplomatie

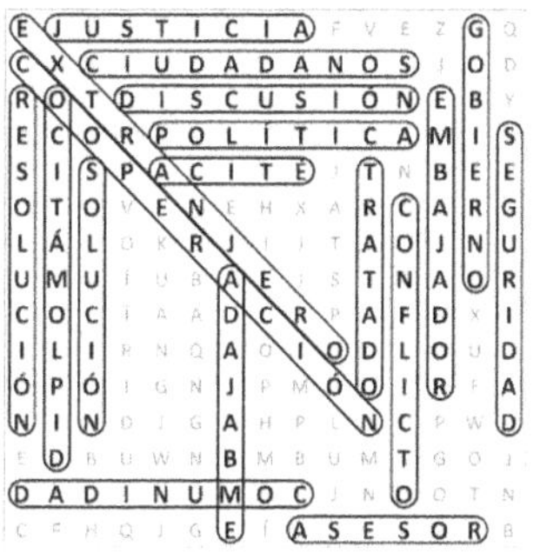

12 - Astronomie

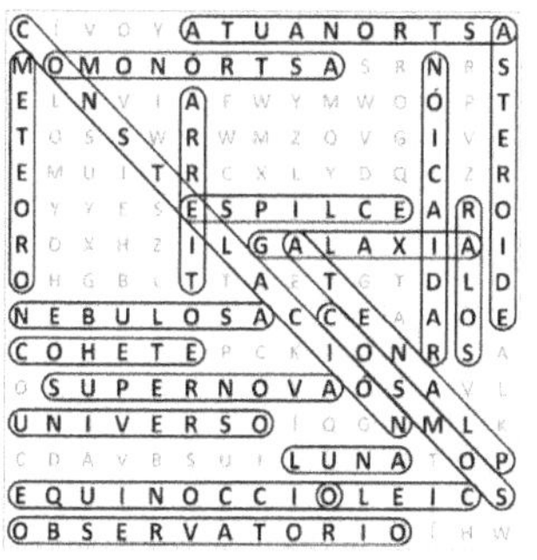

13 - Physique

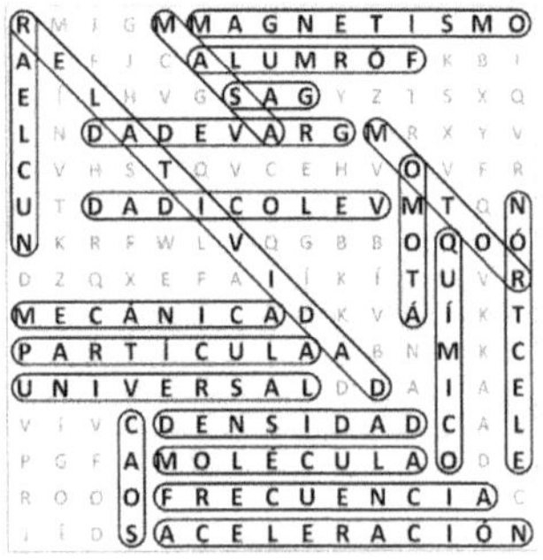

14 - Types de Cheveux

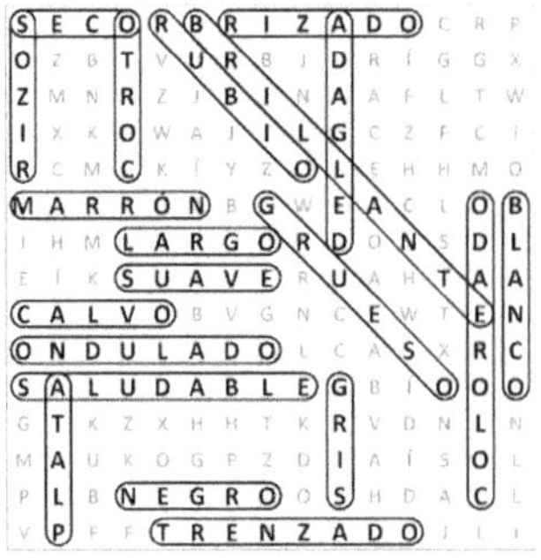

15 - Archéologie

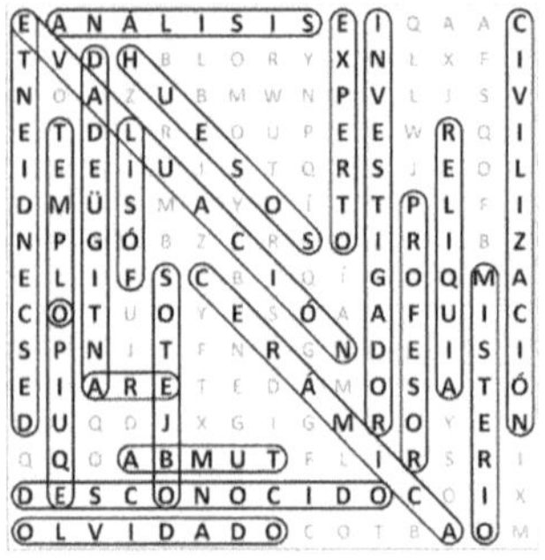

16 - Mammifères

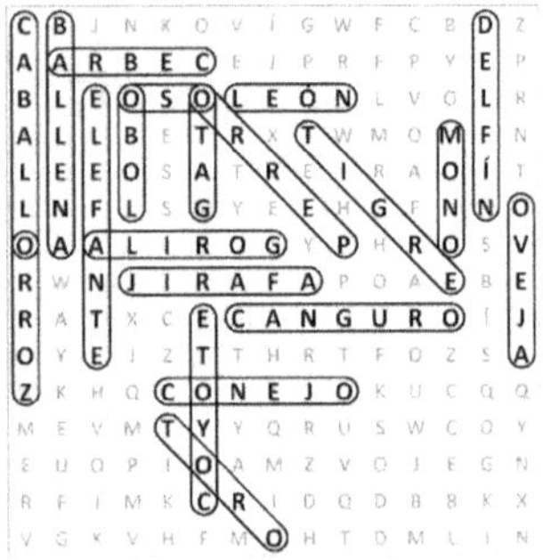

17 - Chocolat

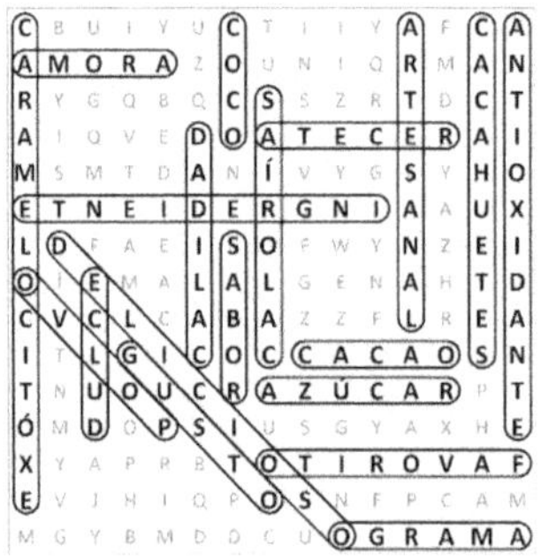

18 - Mathématiques

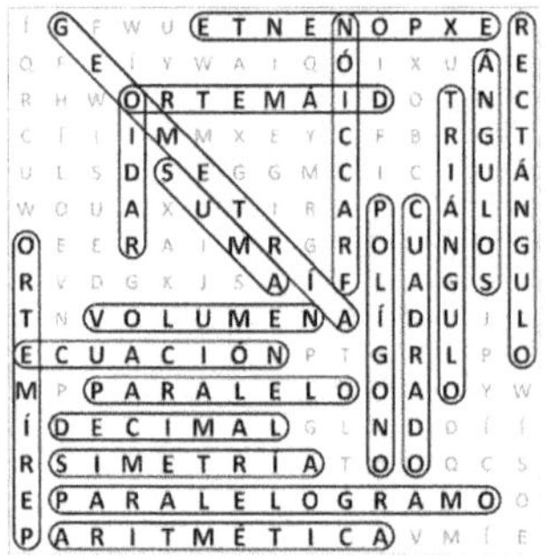

19 - Sport

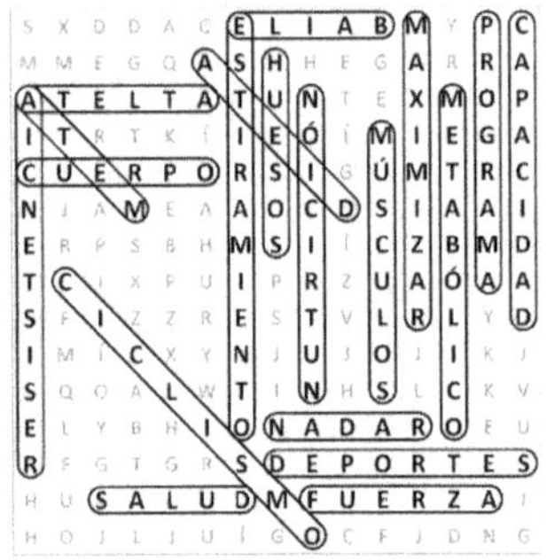

20 - Mythologie

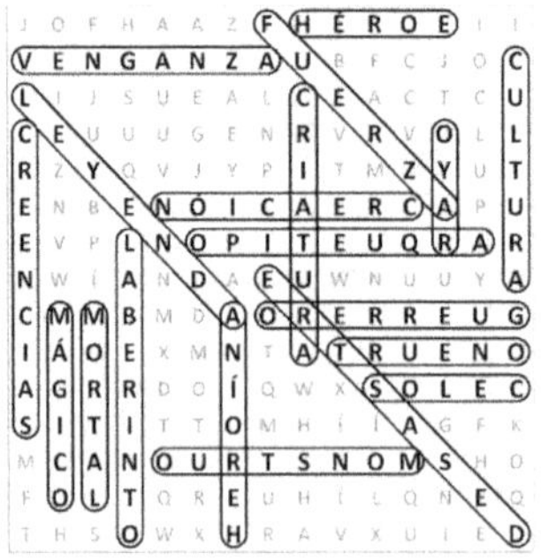

21 - Restaurant #2

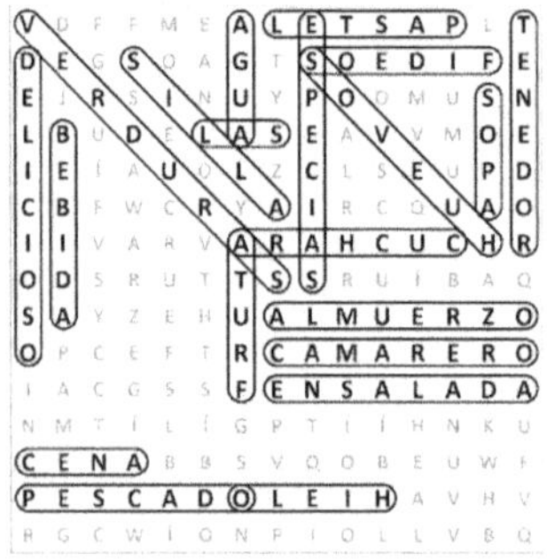

22 - Beauté

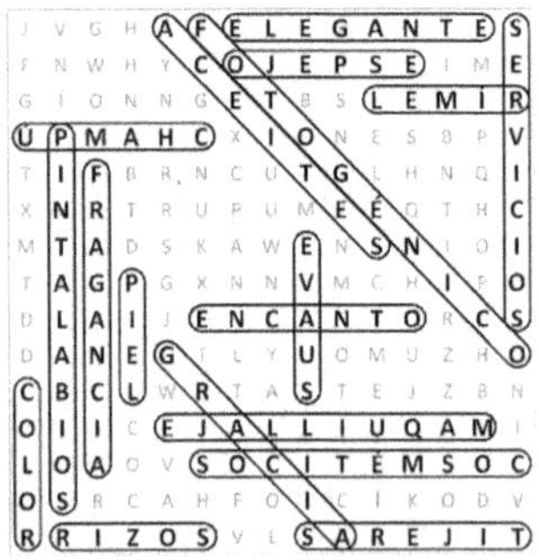

23 - Avions

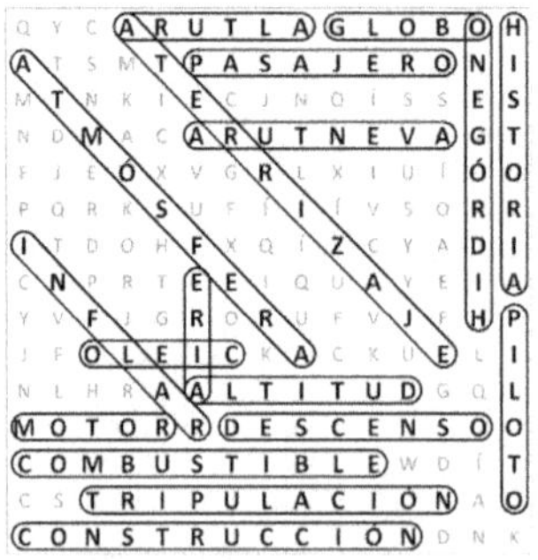

24 - Aventure

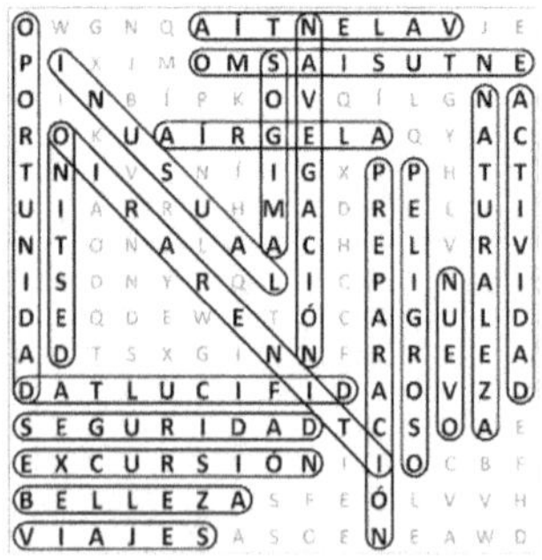

25 - Ville

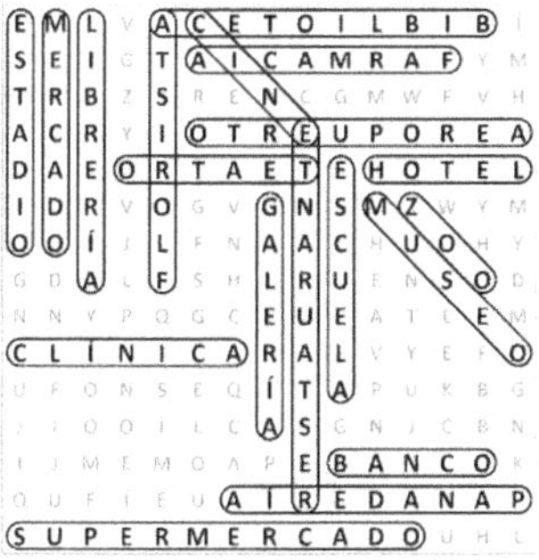

26 - Ingénierie

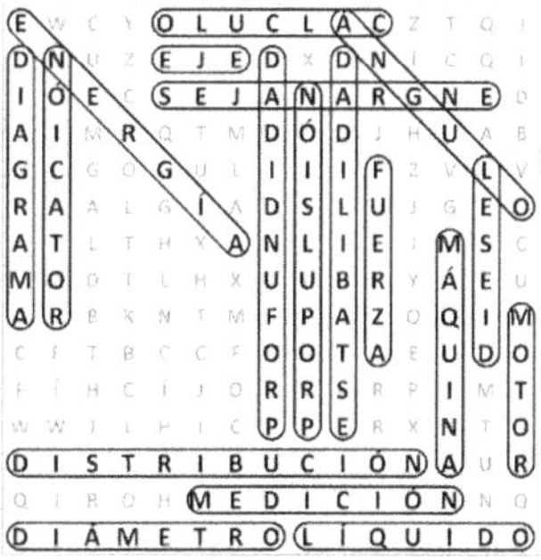

27 - Énergie

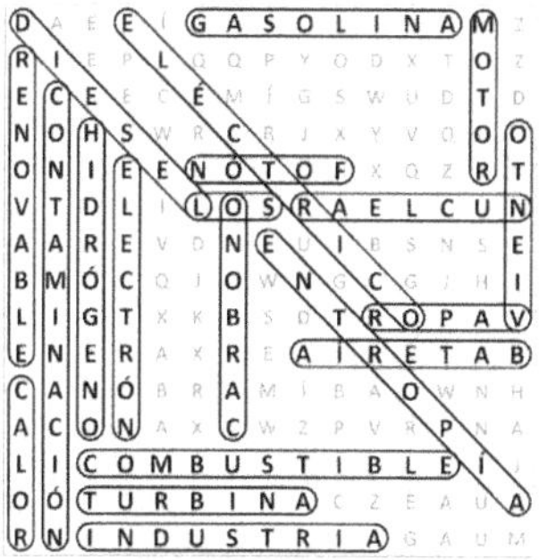

28 - Cuisine

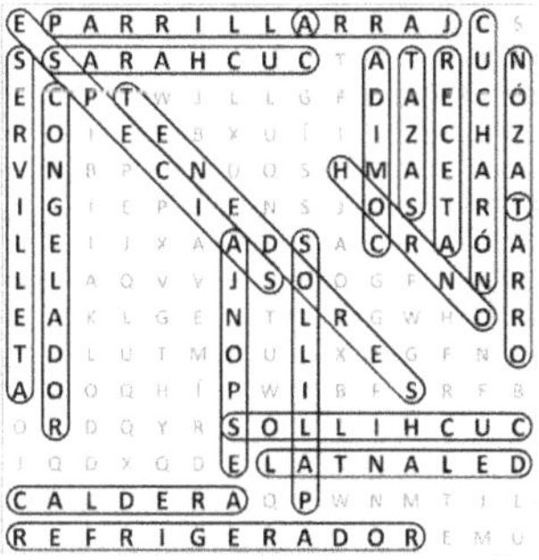

29 - Corps Humain

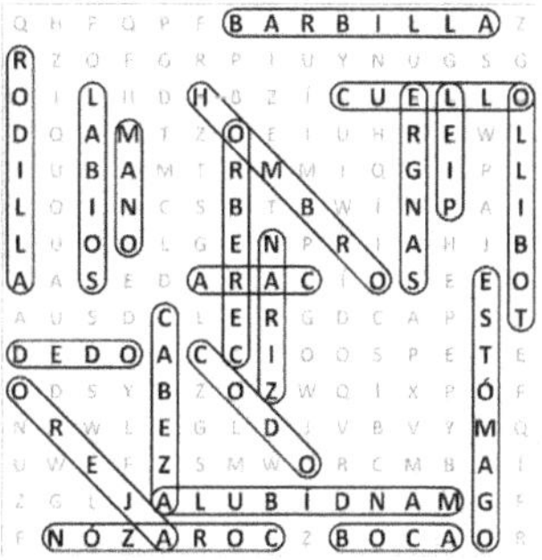

30 - Biologie

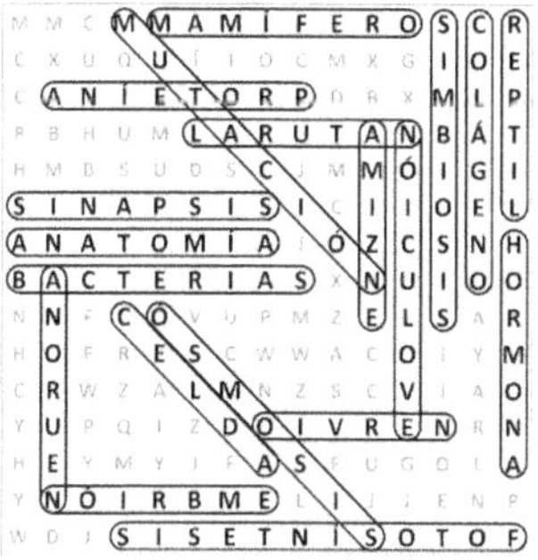

31 - Épices

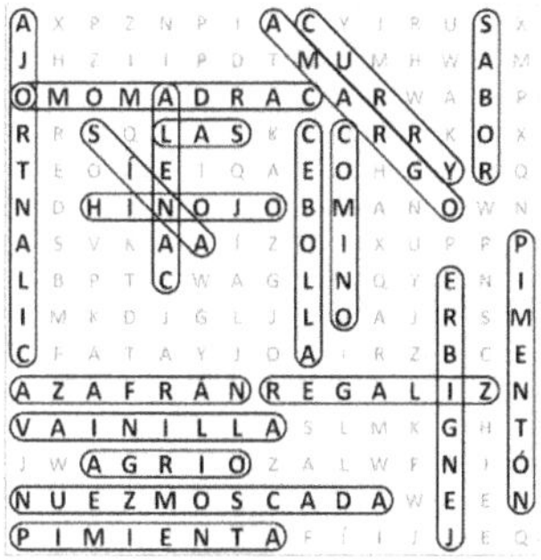

32 - Agronomie

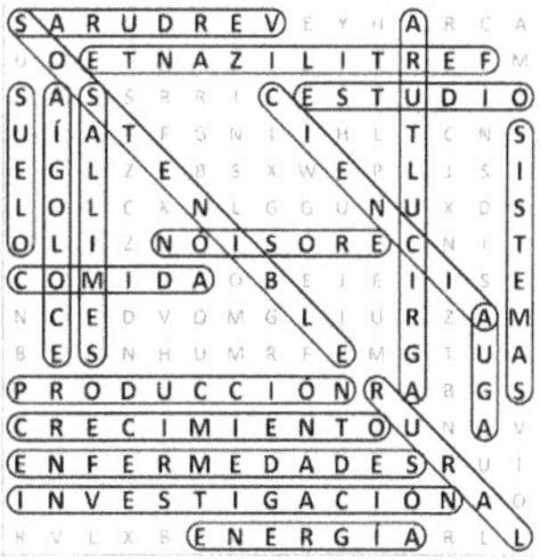

33 - Science

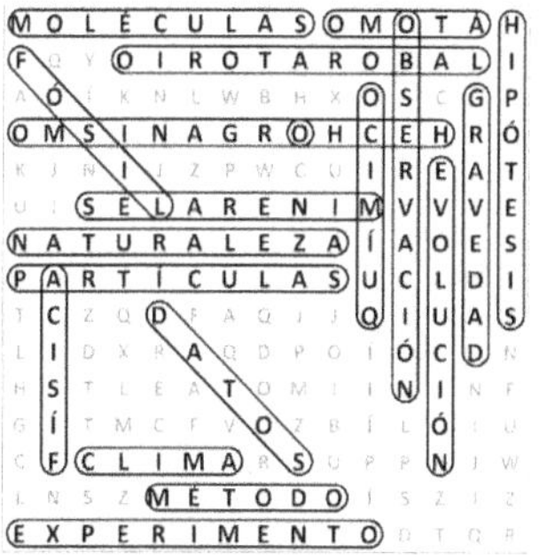

34 - Vêtements

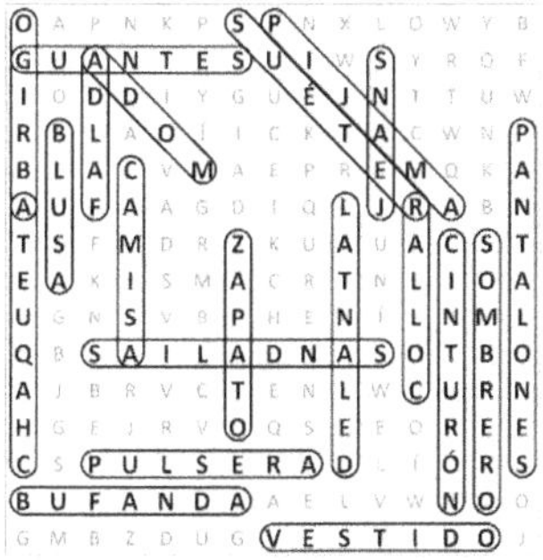

35 - Méditation

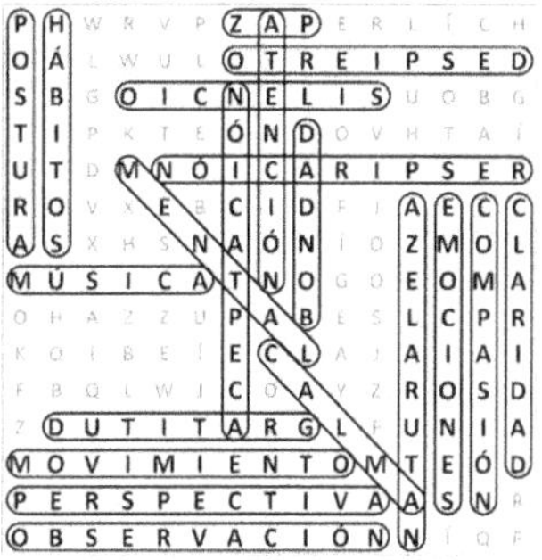

36 - Littérature

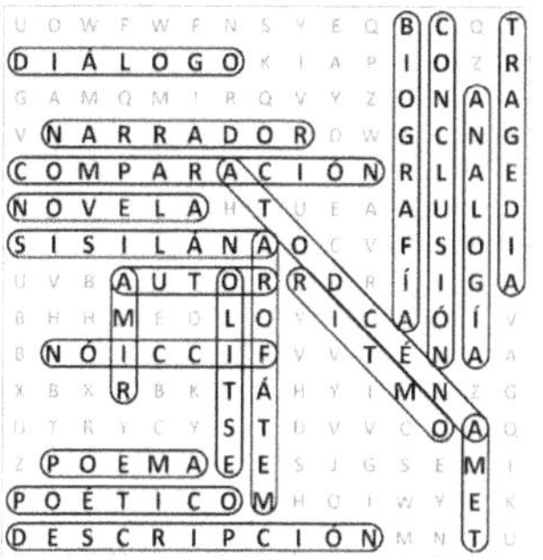

37 - Nourriture #1

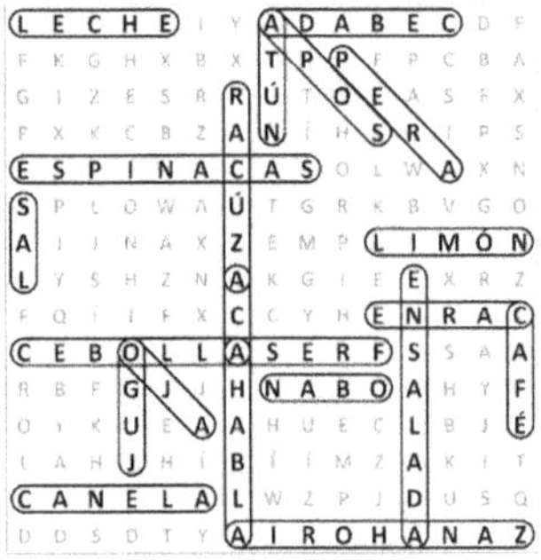

38 - Jours et Mois

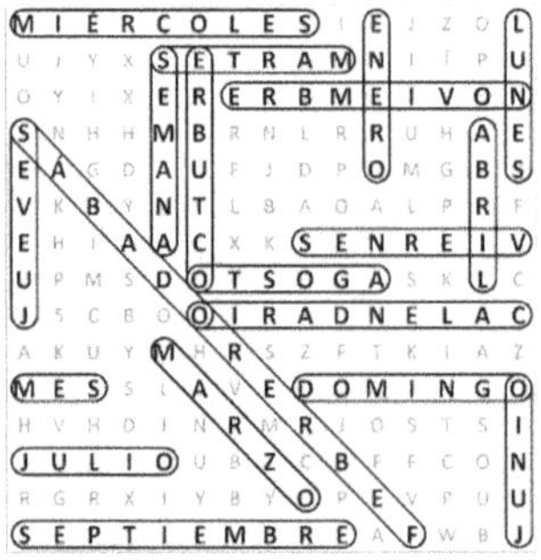

39 - Jardinage

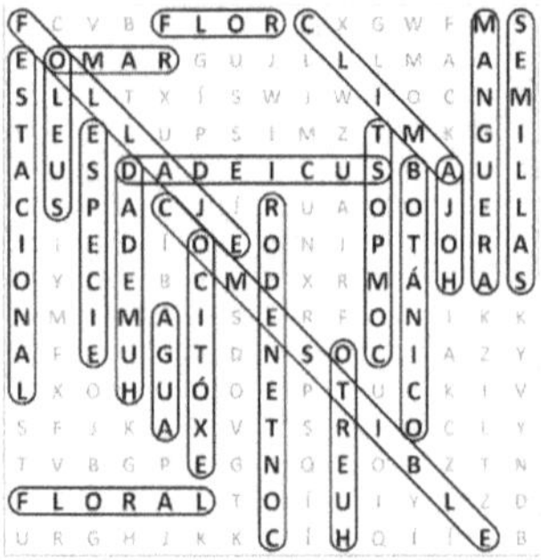

40 - Entreprise

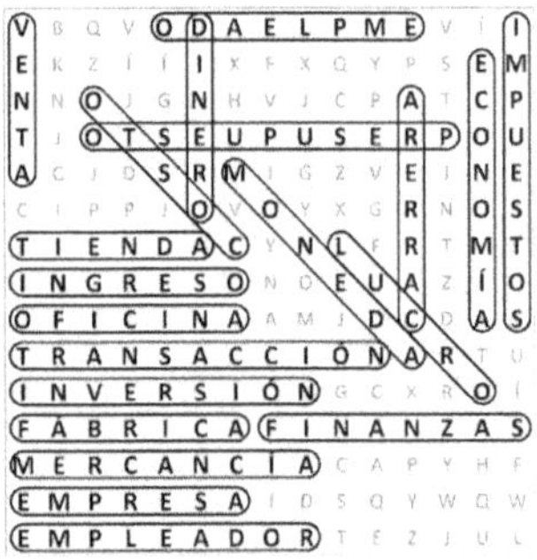

41 - Activités

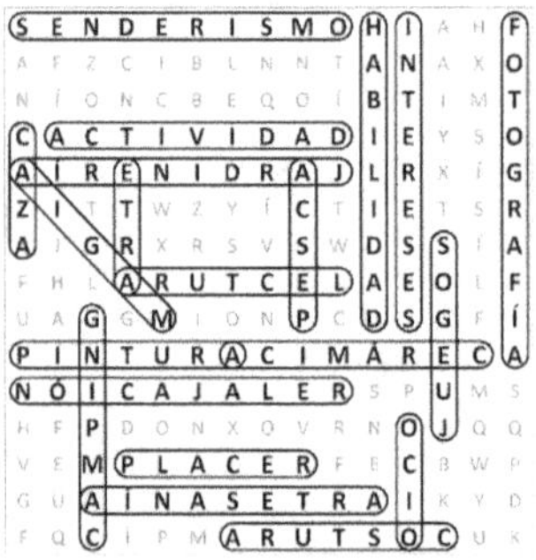

42 - Mode

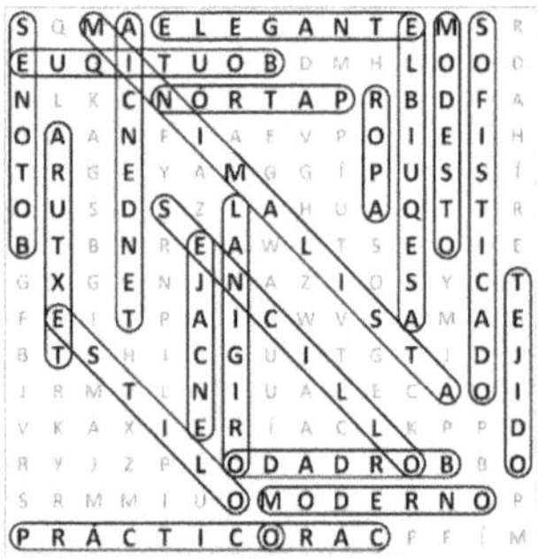

43 - Fleurs

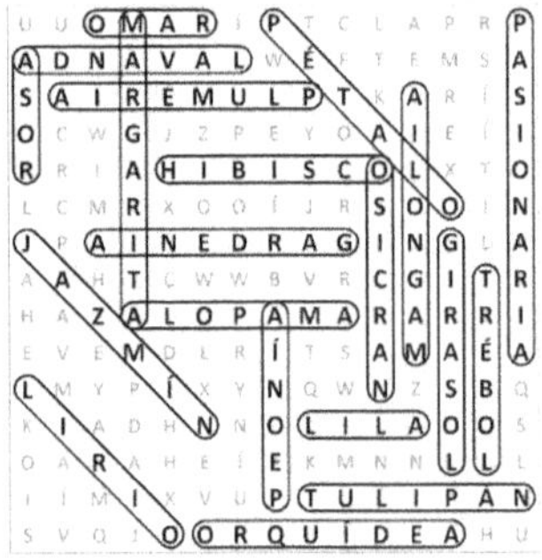

44 - Nourriture #2

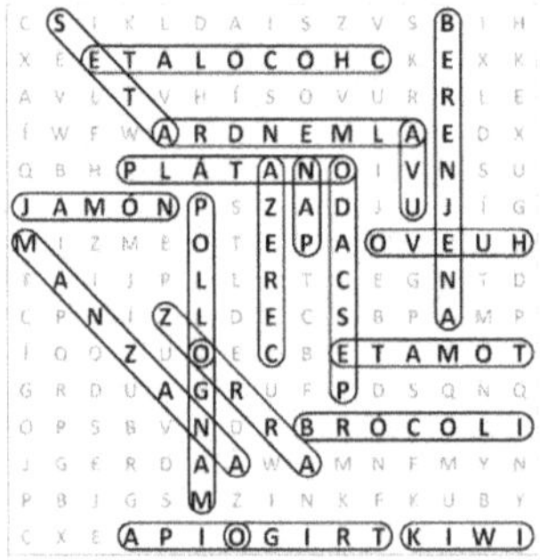

45 - Algèbre

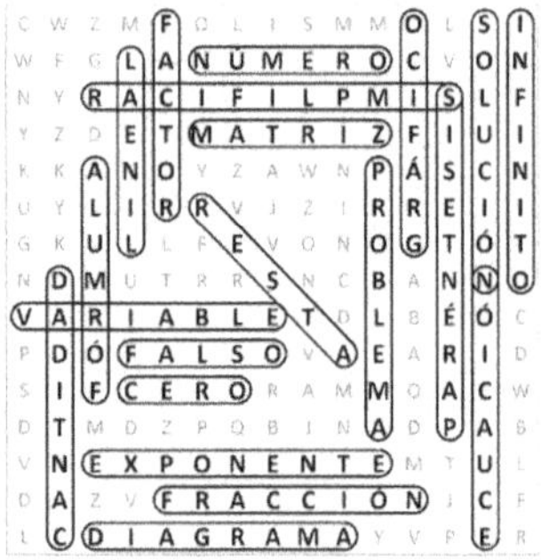

46 - Océan

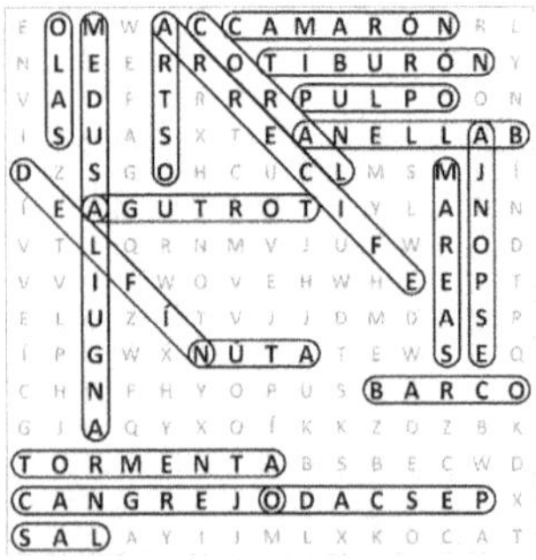

47 - Antiquités

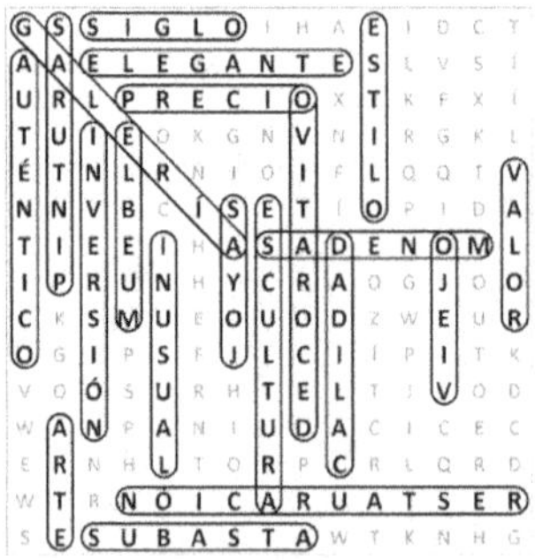

48 - Boxe

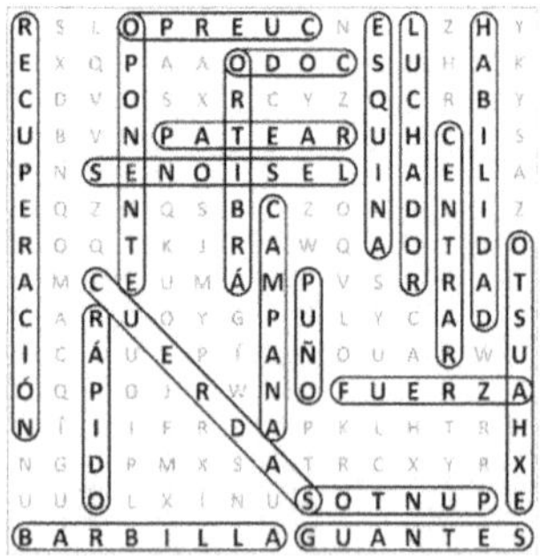

49 - Réchauffement Cli

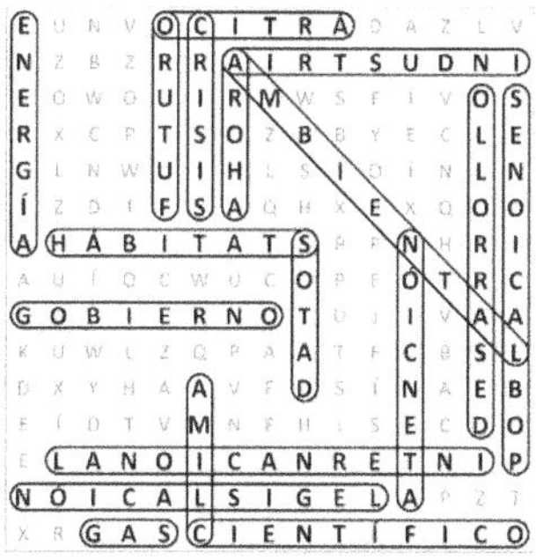

50 - Ballet

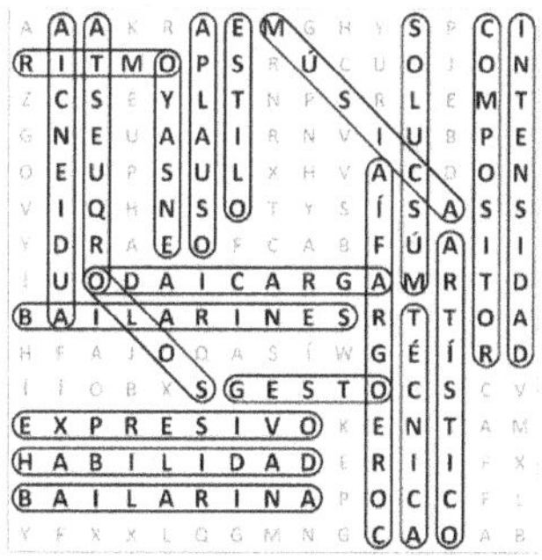

51 - Fruit

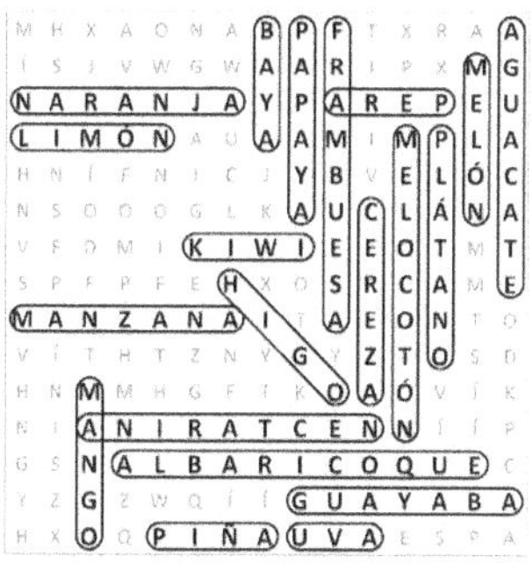

52 - Musique

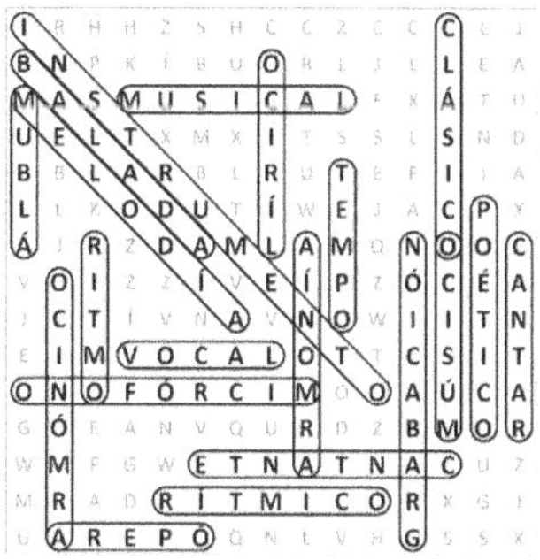

53 - L'Entreprise

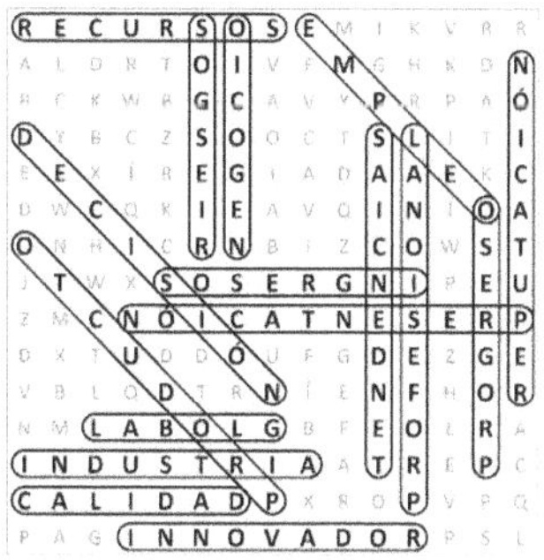

54 - Gouvernement

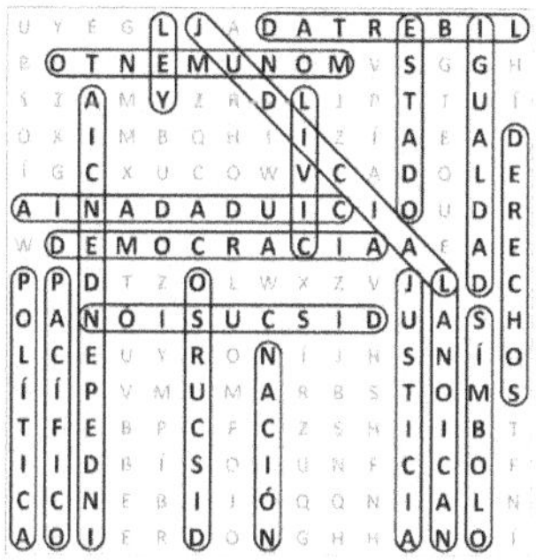

55 - Randonnée

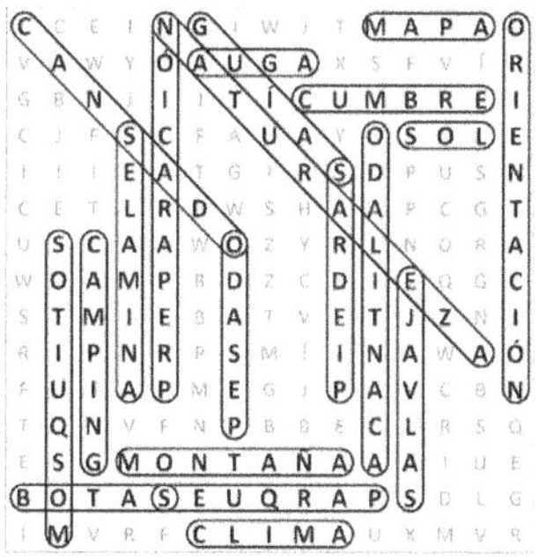

56 - Art

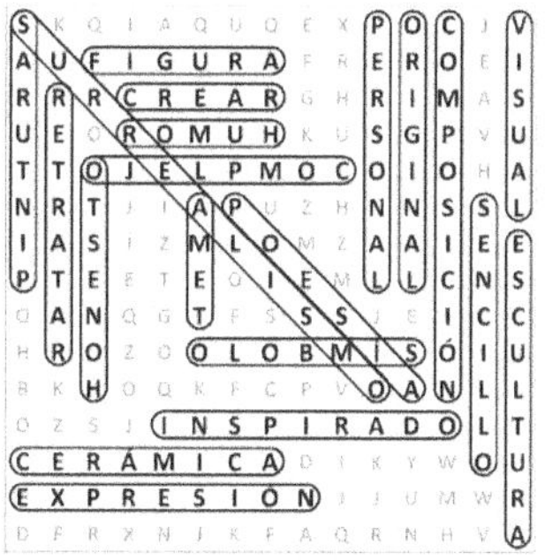

57 - Nutrition

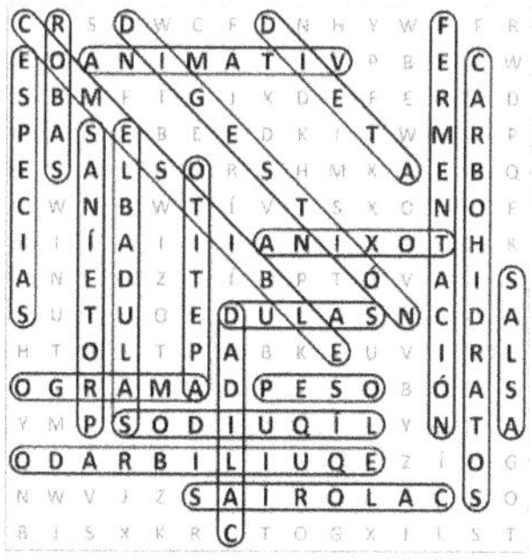

58 - Créativité

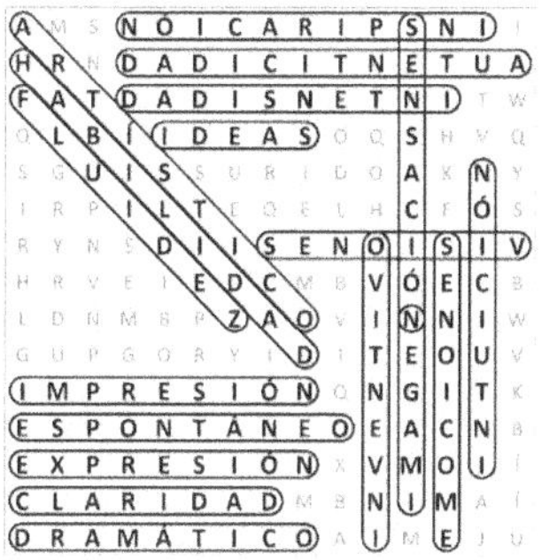

59 - Science Fiction

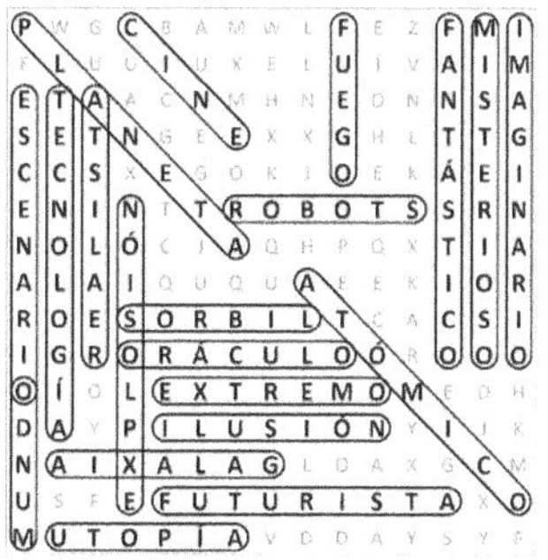

60 - Professions #1

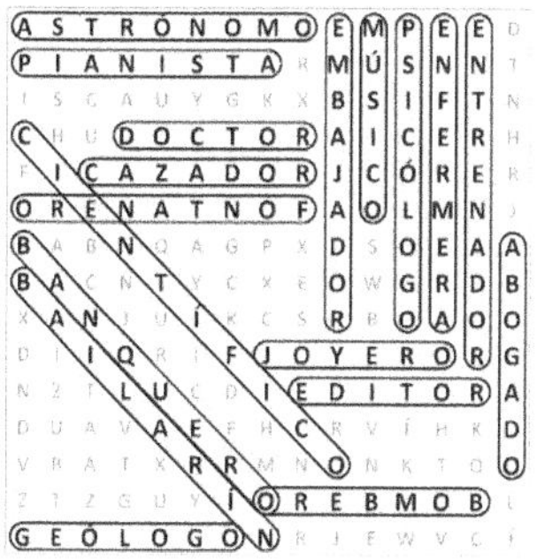

61 - Géologie

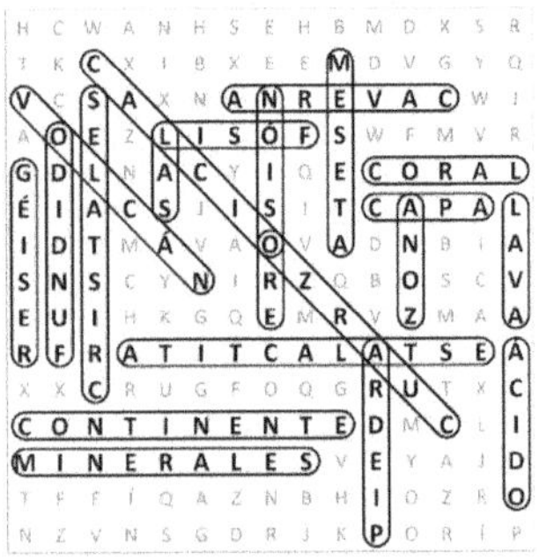

62 - Jardin

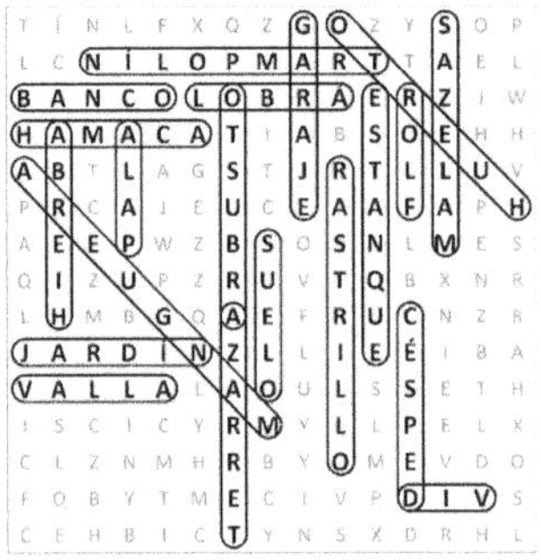

63 - Santé et Bien Être #1

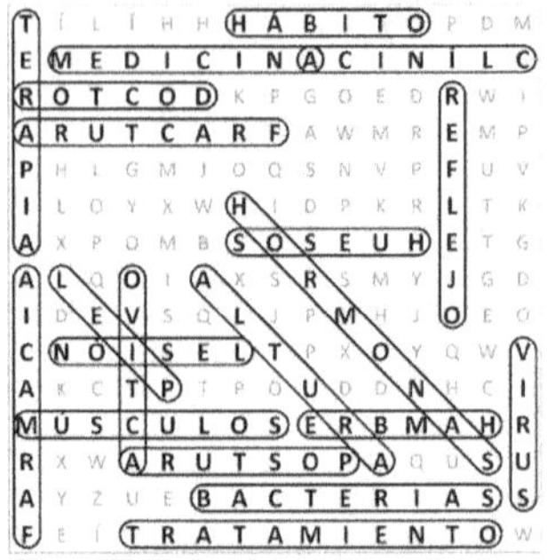

64 - Barbecues

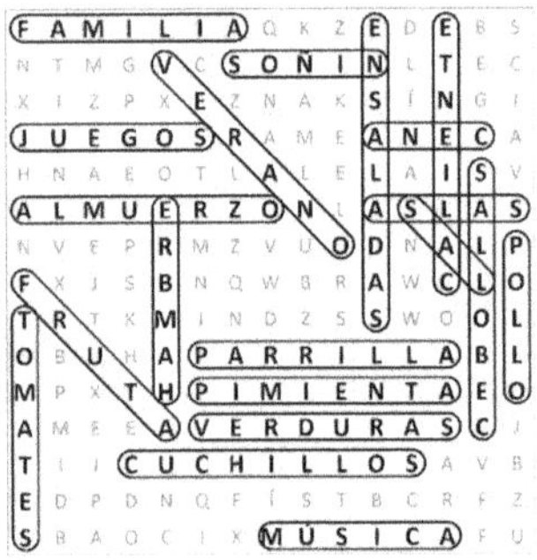

65 - Forêt Tropicale

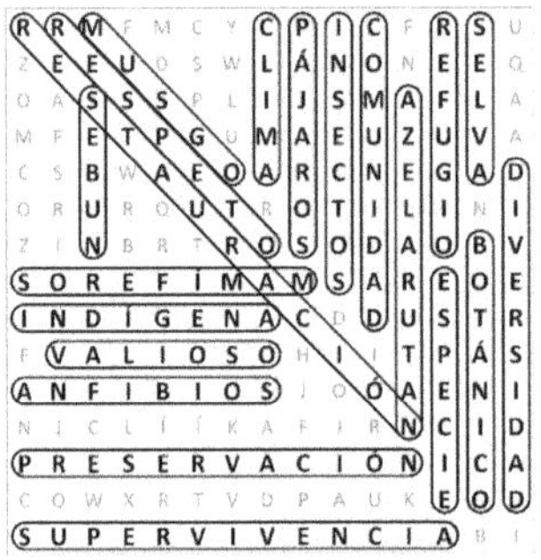

66 - Ferme #1

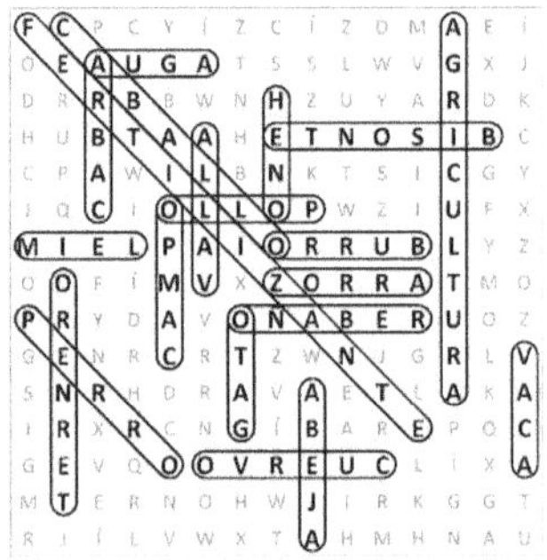

67 - Café

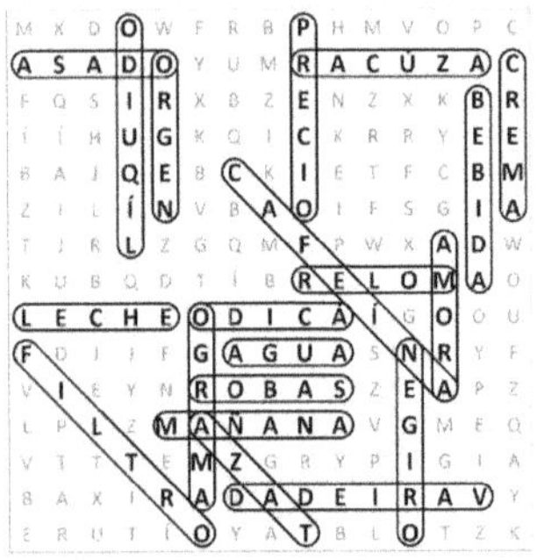

68 - Antarctique

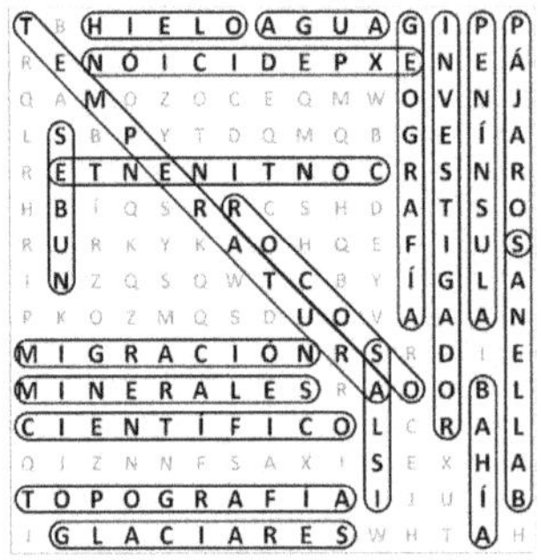

69 - Professions #2

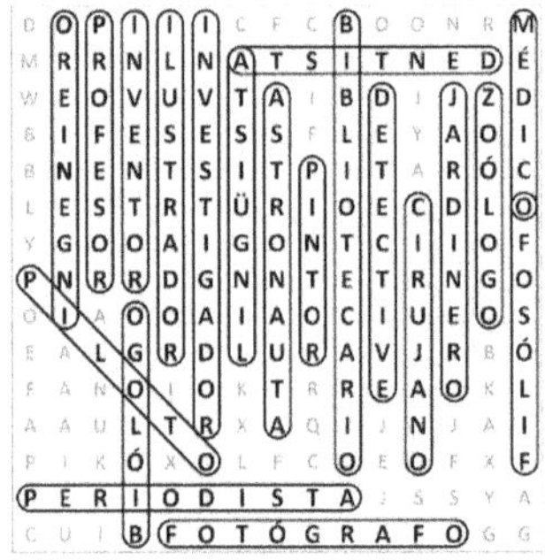

70 - Les Abeilles

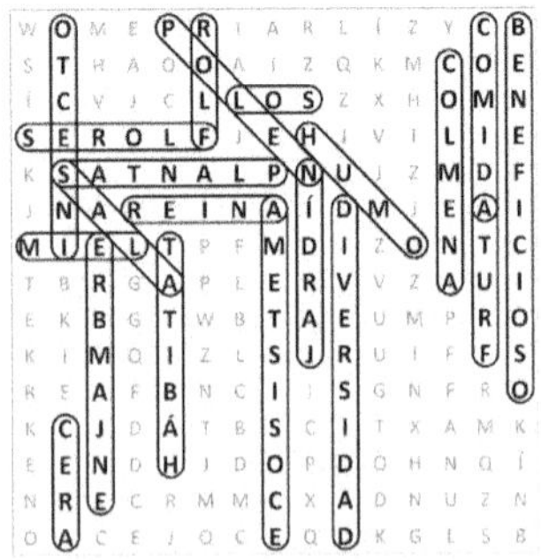

71 - Santé et Bien Être #2

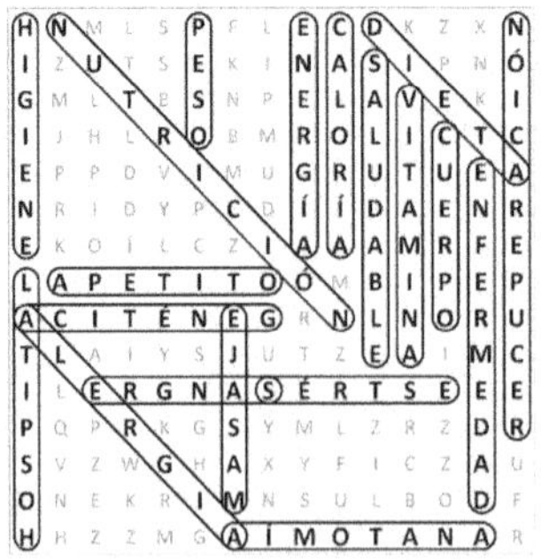

72 - Conduite

73 - Plantes

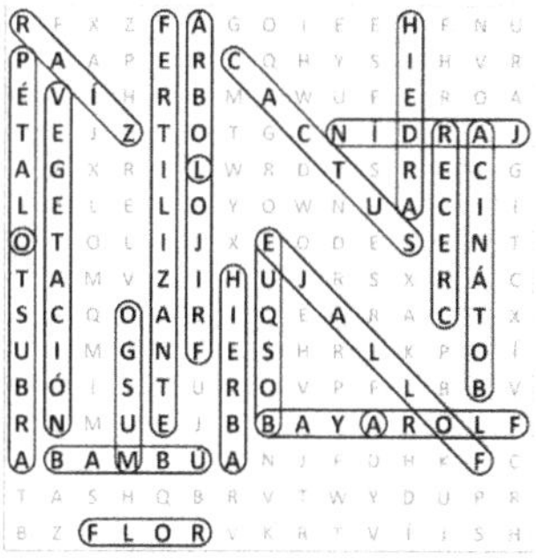

74 - Ferme #2

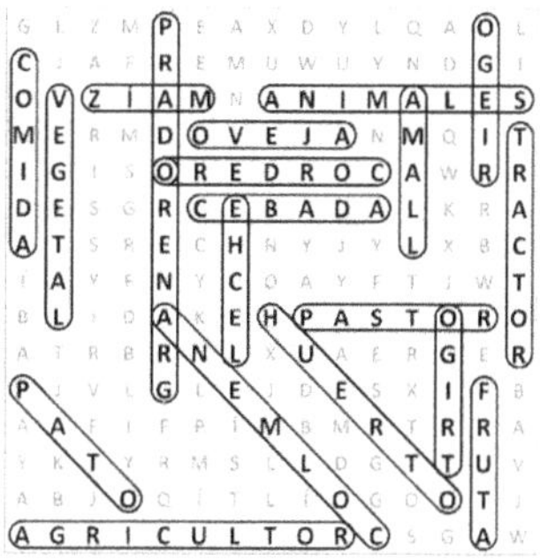

75 - Vacances #2

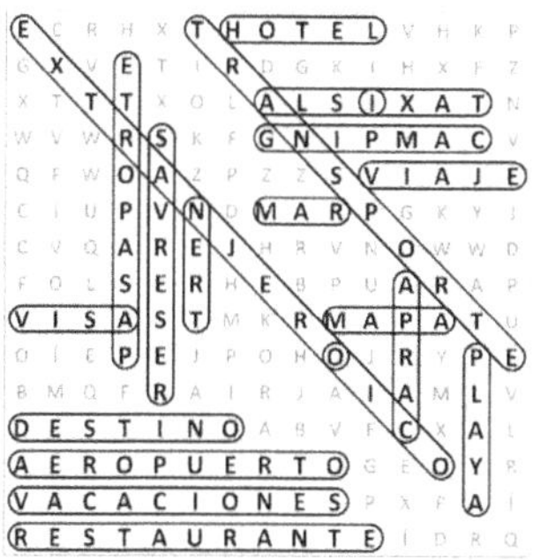

76 - Éthique

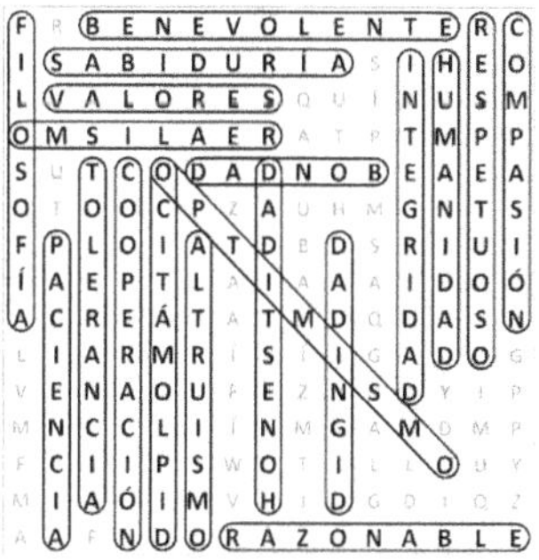

77 - Temps

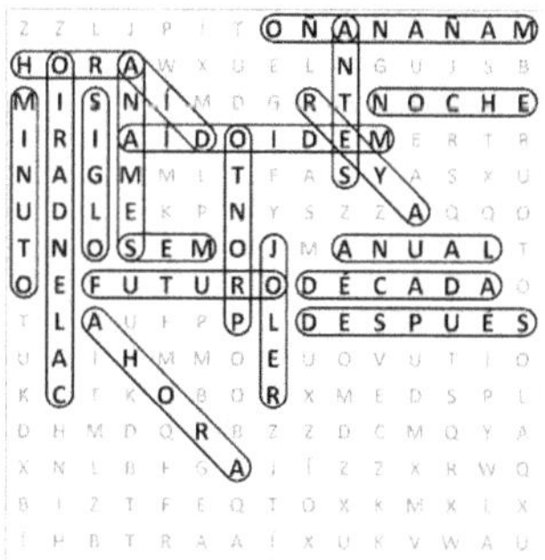

78 - Maison

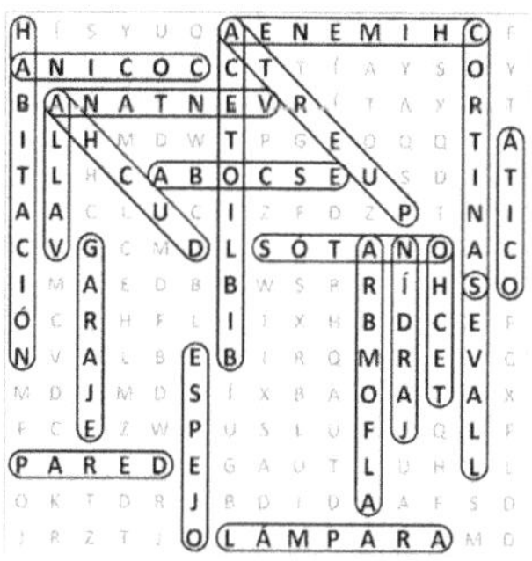

79 - Famille

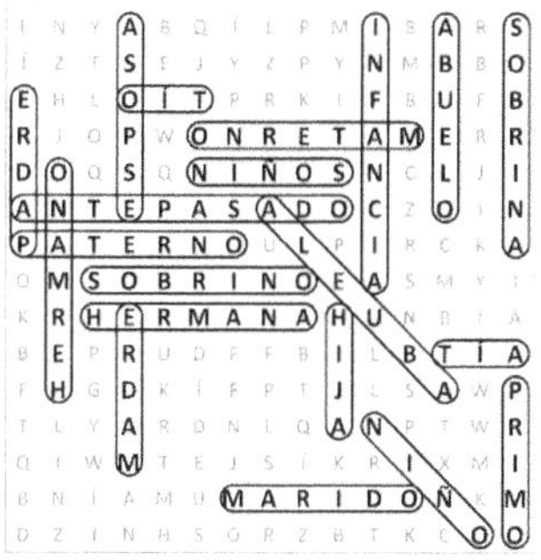

80 - Oiseaux

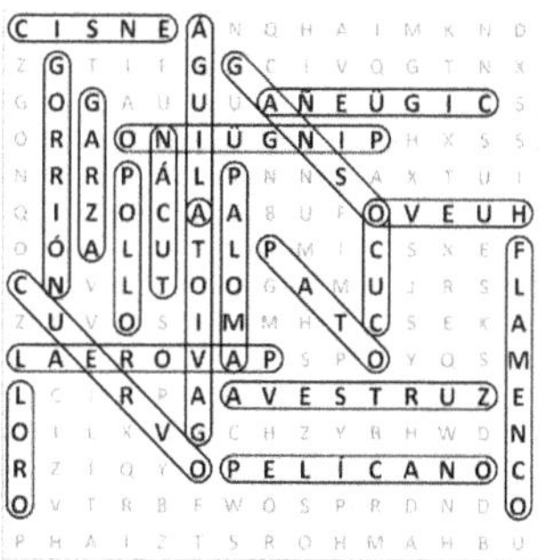

81 - Disciplines Scientifiques

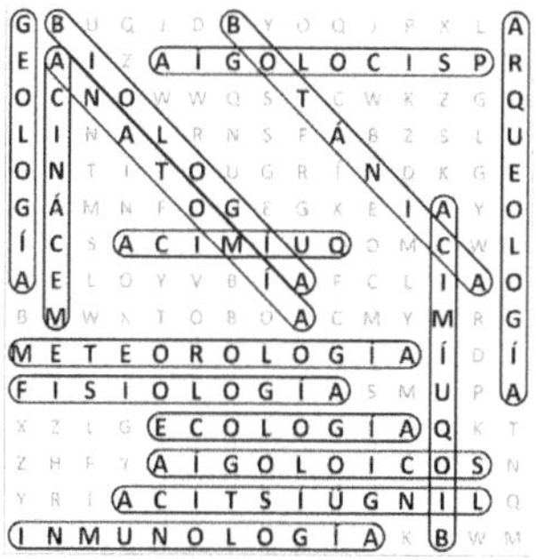

82 - Maladie

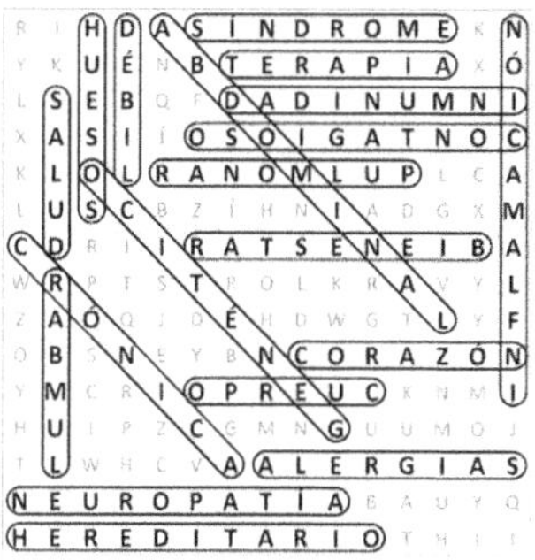

83 - Émotions

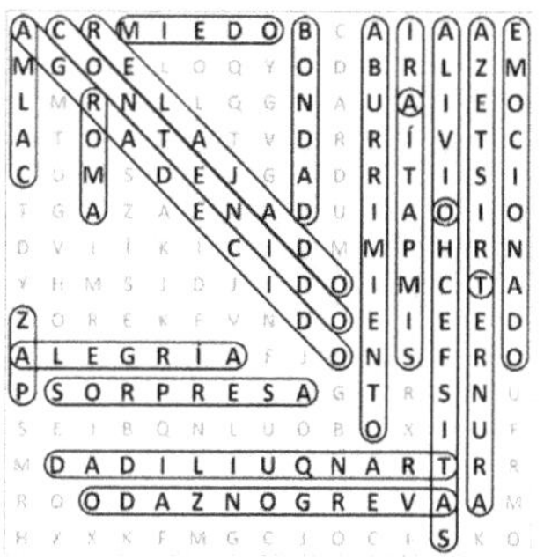

84 - Univers

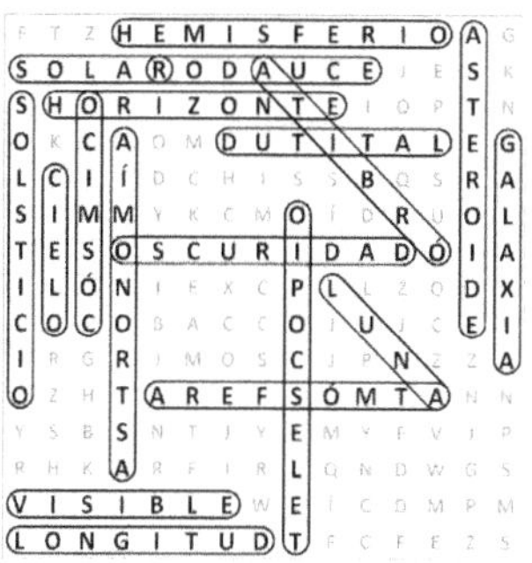

85 - Géographie

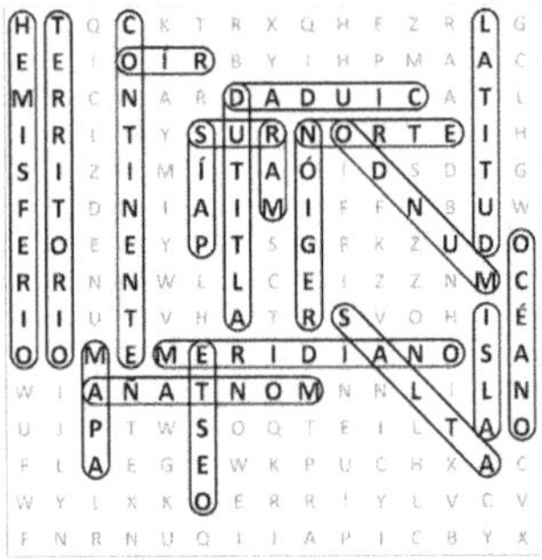

86 - Danse

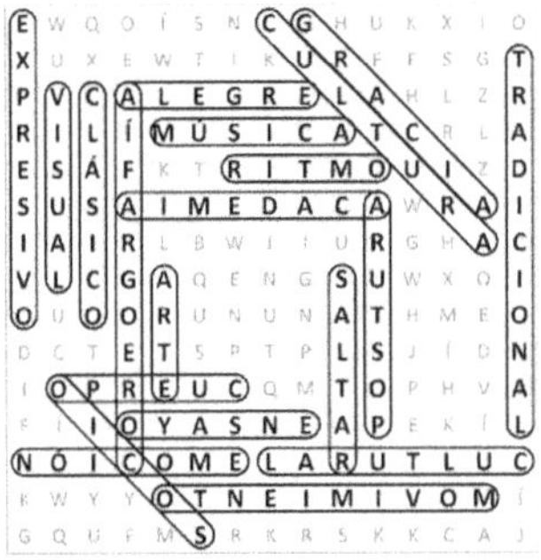

87 - Bâtiments

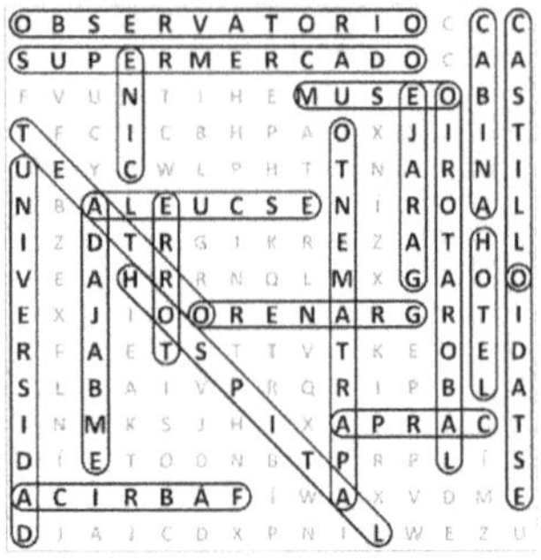

88 - Activités et Loisirs

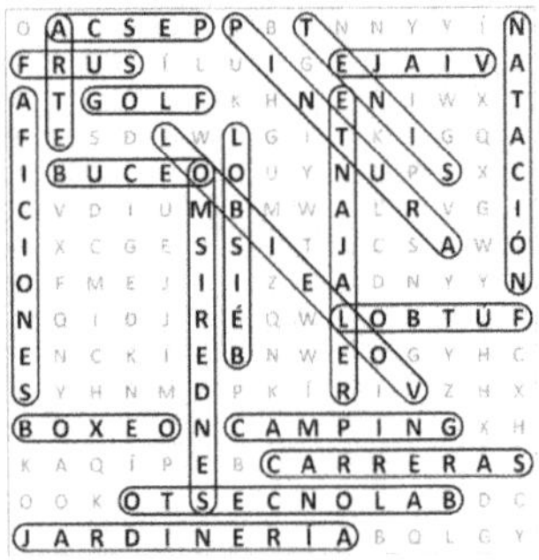

89 - Livres

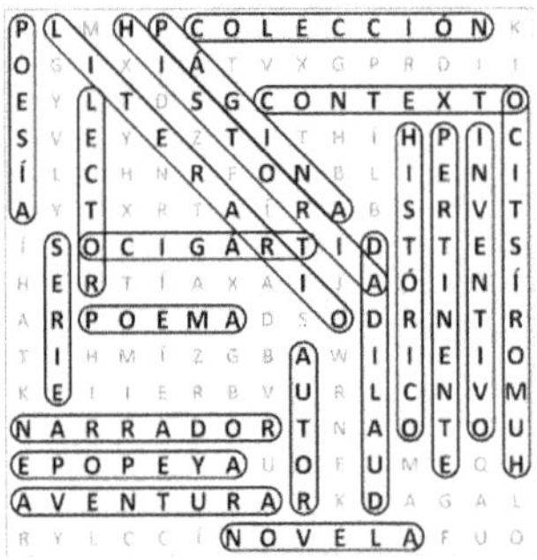

90 - Pays #2

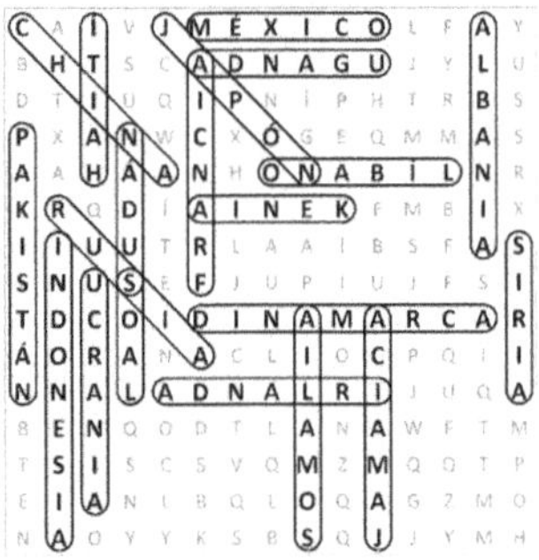

91 - Fournitures d'Art

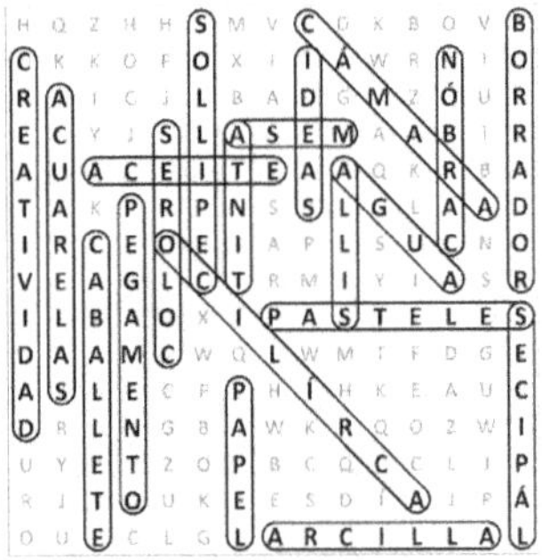

92 - Jazz

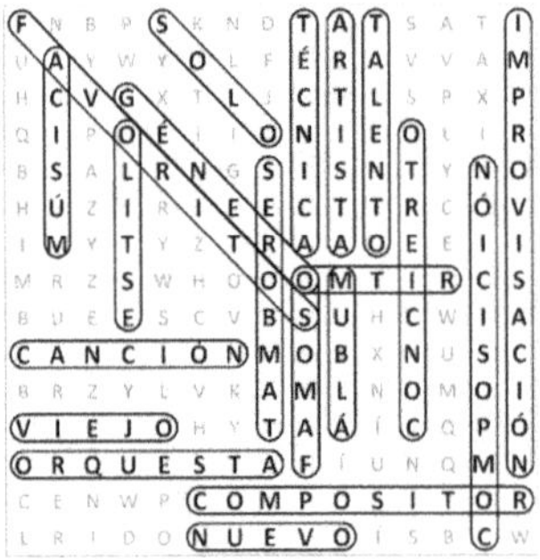

93 - Paysages

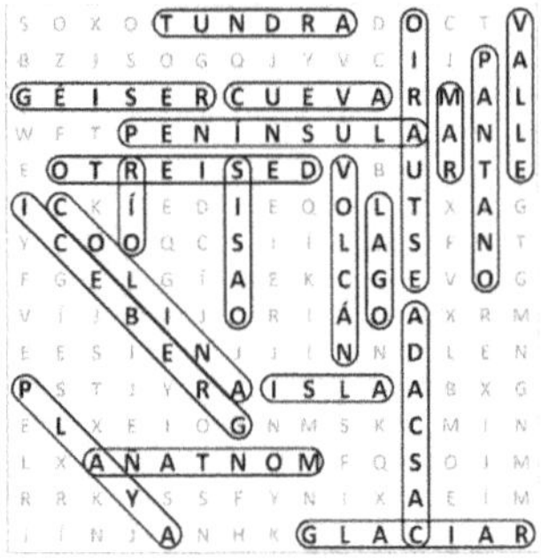

94 - Pays #1

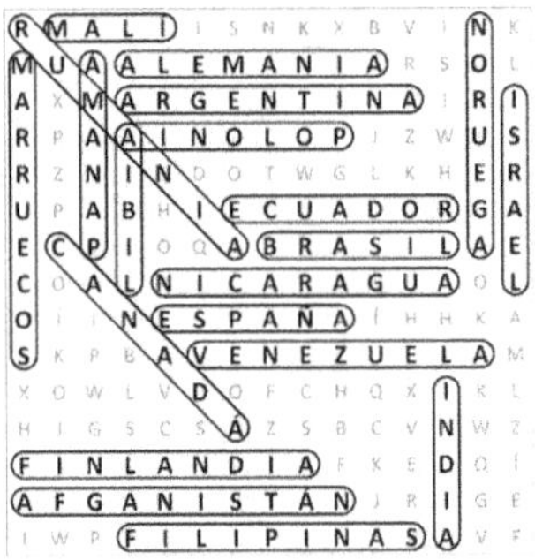

95 - Nombres

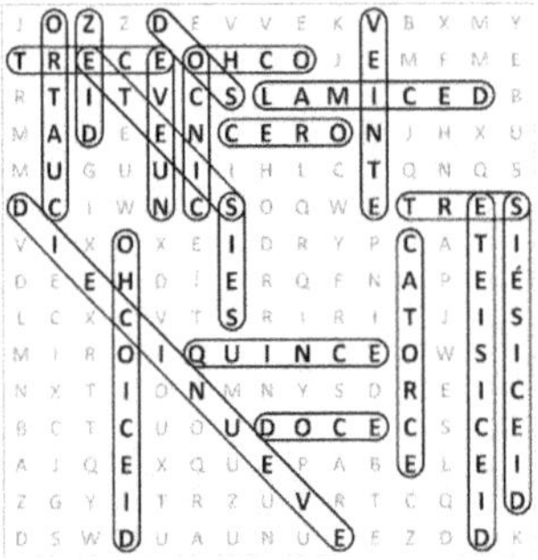

96 - Psychologie

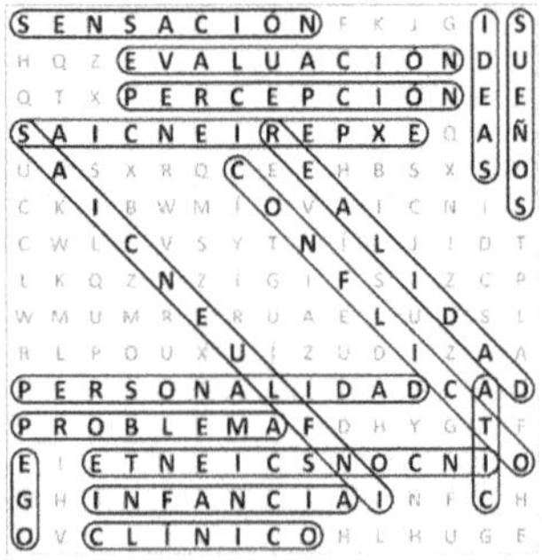

97 - Nature

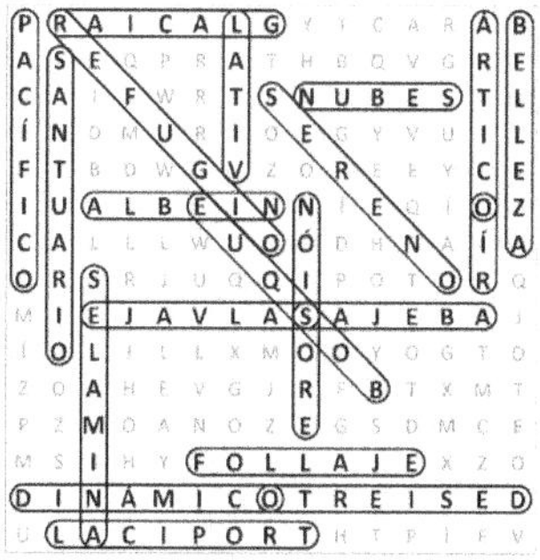

98 - Chimie

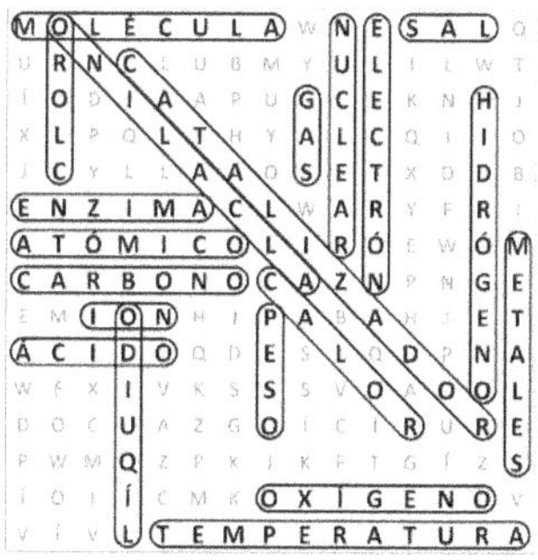

99 - Bateaux

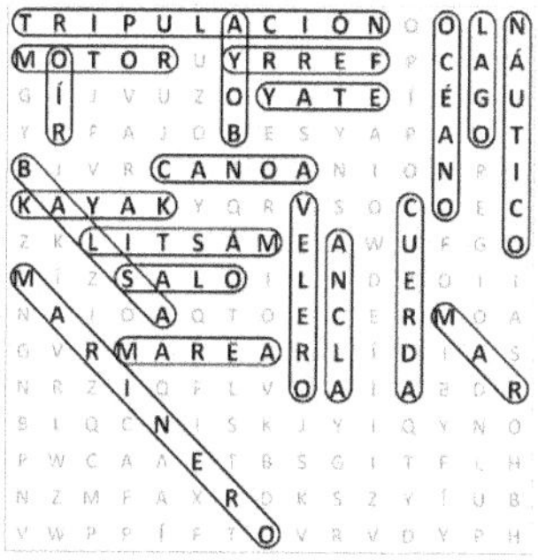

100 - Mesures

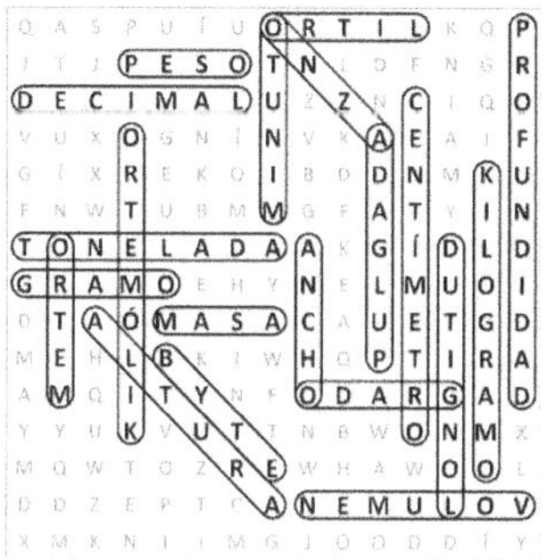

Dictionnaire

Activités
Actividades

Activité	Actividad
Art	Arte
Artisanat	Artesanía
Camping	Camping
Céramique	Cerámica
Chasse	Caza
Compétence	Habilidad
Couture	Costura
Intérêts	Intereses
Jardinage	Jardinería
Jeux	Juegos
Lecture	Lectura
Loisir	Ocio
Magie	Magia
Peinture	Pintura
Pêche	Pesca
Photographie	Fotografía
Plaisir	Placer
Randonnée	Senderismo
Relaxation	Relajación

Activités et Loisirs
Actividades y Ocio

Art	Arte
Base-Ball	Béisbol
Basket-Ball	Baloncesto
Boxe	Boxeo
Camping	Camping
Course	Carreras
Football	Fútbol
Golf	Golf
Jardinage	Jardinería
Nager	Natación
Passe-Temps	Aficiones
Peinture	Pintura
Pêche	Pesca
Plongée	Buceo
Randonnée	Senderismo
Relaxant	Relajante
Surf	Surf
Tennis	Tenis
Volley-Ball	Voleibol
Voyage	Viaje

Adjectifs #1
Adjetivos #1

Absolu	Absoluto
Actif	Activo
Ambitieux	Ambicioso
Aromatique	Aromático
Artistique	Artístico
Attractif	Atractivo
Beau	Hermosa
Exotique	Exótico
Énorme	Enorme
Généreux	Generoso
Honnête	Honesto
Identique	Idéntico
Important	Importante
Innocent	Inocente
Jeune	Joven
Lent	Lento
Lourd	Pesado
Mince	Delgada
Moderne	Moderno
Parfait	Perfecto

Adjectifs #2
Adjetivos #2

Authentique	Auténtico
Célèbre	Famoso
Créatif	Creativo
Descriptif	Descriptivo
Doué	Dotado
Dramatique	Dramático
Élégant	Elegante
Fier	Orgulloso
Fort	Fuerte
Intéressant	Interesante
Naturel	Natural
Nouveau	Nuevo
Productif	Productivo
Puissant	Poderoso
Pur	Puro
Responsable	Responsable
Sain	Saludable
Salé	Salado
Sauvage	Salvaje
Sec	Seco

Agronomie
Agronomía

Agriculture	Agricultura
Croissance	Crecimiento
Durable	Sostenible
Eau	Agua
Engrais	Fertilizante
Écologie	Ecología
Énergie	Energía
Érosion	Erosión
Étude	Estudio
Graines	Semillas
Légumes	Verduras
Maladies	Enfermedades
Nourriture	Comida
Pollution	Contaminación
Production	Producción
Recherche	Investigación
Rural	Rural
Science	Ciencia
Sol	Suelo
Systèmes	Sistemas

Algèbre
Álgebra

Diagramme	Diagrama
Exposant	Exponente
Équation	Ecuación
Facteur	Factor
Faux	Falso
Formule	Fórmula
Fraction	Fracción
Graphique	Gráfico
Infini	Infinito
Linéaire	Lineal
Matrice	Matriz
Nombre	Número
Parenthèse	Paréntesis
Problème	Problema
Quantité	Cantidad
Simplifier	Simplificar
Solution	Solución
Soustraction	Resta
Variable	Variable
Zéro	Cero

Antarctique

Antártida

Baie	Bahía
Baleines	Ballenas
Chercheur	Investigador
Conservation	Conservación
Continent	Continente
Eau	Agua
Expédition	Expedición
Géographie	Geografía
Glace	Hielo
Glaciers	Glaciares
Îles	Islas
Migration	Migración
Minéraux	Minerales
Nuage	Nubes
Oiseaux	Pájaros
Péninsule	Península
Rocheux	Rocoso
Scientifique	Científico
Température	Temperatura
Topographie	Topografía

Antiquités

Antigüedades

Art	Arte
Authentique	Auténtico
Bijoux	Joyas
Décoratif	Decorativo
Enchères	Subasta
Élégant	Elegante
Galerie	Galería
Inhabituel	Inusual
Investissement	Inversión
Meubles	Mueble
Peintures	Pinturas
Pièces	Monedas
Prix	Precio
Qualité	Calidad
Restauration	Restauración
Sculpture	Escultura
Siècle	Siglo
Style	Estilo
Valeur	Valor
Vieux	Viejo

Archéologie

Arqueología

Analyse	Análisis
Antiquité	Antigüedad
Chercheur	Investigador
Civilisation	Civilización
Descendant	Descendiente
Expert	Experto
Ère	Era
Équipe	Equipo
Évaluation	Evaluación
Fossile	Fósil
Inconnu	Desconocido
Mystère	Misterio
Objets	Objetos
Os	Huesos
Oublié	Olvidado
Poterie	Cerámica
Professeur	Profesor
Relique	Reliquia
Temple	Templo
Tombe	Tumba

Art

Arte

Céramique	Cerámica
Complexe	Complejo
Composition	Composición
Créer	Crear
Dépeindre	Retratar
Expression	Expresión
Figure	Figura
Honnête	Honesto
Humeur	Humor
Inspiré	Inspirado
Original	Original
Peintures	Pinturas
Personnel	Personal
Poésie	Poesía
Sculpture	Escultura
Simple	Sencillo
Sujet	Tema
Surréalisme	Surrealismo
Symbole	Símbolo
Visuel	Visual

Astronomie

Astronomía

Astéroïde	Asteroide
Astronaute	Astronauta
Astronome	Astrónomo
Ciel	Cielo
Constellation	Constelación
Cosmos	Cosmos
Éclipse	Eclipse
Équinoxe	Equinoccio
Fusée	Cohete
Galaxie	Galaxia
Lune	Luna
Météore	Meteoro
Nébuleuse	Nebulosa
Observatoire	Observatorio
Planète	Planeta
Radiation	Radiación
Solaire	Solar
Supernova	Supernova
Terre	Tierra
Univers	Universo

Aventure

Aventura

Activité	Actividad
Amis	Amigos
Beauté	Belleza
Bravoure	Valentía
Chance	Oportunidad
Dangereux	Peligroso
Destination	Destino
Difficulté	Dificultad
Enthousiasme	Entusiasmo
Excursion	Excursión
Inhabituel	Inusual
Itinéraire	Itinerario
Joie	Alegría
Nature	Naturaleza
Navigation	Navegación
Nouveau	Nuevo
Préparation	Preparación
Sécurité	Seguridad
Surprenant	Sorprendente
Voyages	Viajes

Avions
Aviones

Air	Aire
Altitude	Altitud
Atmosphère	Atmósfera
Atterrissage	Aterrizaje
Aventure	Aventura
Ballon	Globo
Carburant	Combustible
Ciel	Cielo
Construction	Construcción
Descente	Descenso
Direction	Dirección
Équipage	Tripulación
Gonfler	Inflar
Hauteur	Altura
Histoire	Historia
Hydrogène	Hidrógeno
Moteur	Motor
Passager	Pasajero
Pilote	Piloto
Turbulence	Turbulencia

Ballet
Ballet

Applaudissement	Aplauso
Artistique	Artístico
Ballerine	Bailarina
Chorégraphie	Coreografía
Compétence	Habilidad
Compositeur	Compositor
Danseurs	Bailarines
Expressif	Expresivo
Geste	Gesto
Gracieux	Agraciado
Intensité	Intensidad
Muscles	Músculos
Musique	Música
Orchestre	Orquesta
Public	Audiencia
Répétition	Ensayo
Rythme	Ritmo
Solo	Solo
Style	Estilo
Technique	Técnica

Barbecues
Barbacoas

Chaud	Caliente
Couteaux	Cuchillos
Déjeuner	Almuerzo
Dîner	Cena
Enfants	Niños
Été	Verano
Faim	Hambre
Famille	Familia
Fruit	Fruta
Gril	Parrilla
Jeux	Juegos
Légumes	Verduras
Musique	Música
Oignons	Cebollas
Poivre	Pimienta
Poulet	Pollo
Salades	Ensaladas
Sauce	Salsa
Sel	Sal
Tomates	Tomates

Bateaux
Barcos

Ancre	Ancla
Bouée	Boya
Canoë	Canoa
Corde	Cuerda
Équipage	Tripulación
Ferry	Ferry
Fleuve	Río
Kayak	Kayak
Lac	Lago
Marée	Marea
Marin	Marinero
Mât	Mástil
Mer	Mar
Moteur	Motor
Nautique	Náutico
Océan	Océano
Radeau	Balsa
Vagues	Olas
Voilier	Velero
Yacht	Yate

Bâtiments
Edificios

Ambassade	Embajada
Appartement	Apartamento
Cabine	Cabina
Château	Castillo
Cinéma	Cine
École	Escuela
Garage	Garaje
Grange	Granero
Hôpital	Hospital
Hôtel	Hotel
Laboratoire	Laboratorio
Musée	Museo
Observatoire	Observatorio
Stade	Estadio
Supermarché	Supermercado
Tente	Carpa
Théâtre	Teatro
Tour	Torre
Université	Universidad
Usine	Fábrica

Beauté
Belleza

Boucles	Rizos
Charme	Encanto
Ciseaux	Tijeras
Cosmétique	Cosméticos
Couleur	Color
Élégance	Elegancia
Élégant	Elegante
Grâce	Gracia
Huiles	Aceites
Lisse	Suave
Maquillage	Maquillaje
Mascara	Rímel
Miroir	Espejo
Parfum	Fragancia
Peau	Piel
Photogénique	Fotogénico
Rouge à Lèvres	Pintalabios
Services	Servicios
Shampooing	Champú
Styliste	Estilista

Biologie
Biología

Anatomie	Anatomía
Bactéries	Bacterias
Cellule	Celda
Chromosome	Cromosoma
Collagène	Colágeno
Embryon	Embrión
Enzyme	Enzima
Évolution	Evolución
Hormone	Hormona
Mammifère	Mamífero
Mutation	Mutación
Naturel	Natural
Nerf	Nervio
Neurone	Neurona
Osmose	Ósmosis
Photosynthèse	Fotosíntesis
Protéine	Proteína
Reptile	Reptil
Symbiose	Simbiosis
Synapse	Sinapsis

Boxe
Boxeo

Adversaire	Oponente
Arbitre	Árbitro
Blessures	Lesiones
Cloche	Campana
Coin	Esquina
Combattant	Luchador
Compétence	Habilidad
Concentrer	Centrar
Cordes	Cuerdas
Corps	Cuerpo
Coude	Codo
Coup	Patear
Épuisé	Exhausto
Force	Fuerza
Gants	Guantes
Menton	Barbilla
Poing	Puño
Points	Puntos
Rapide	Rápido
Récupération	Recuperación

Café
Café

Acide	Ácido
Amer	Amargo
Arôme	Aroma
Boisson	Bebida
Caféine	Cafeína
Crème	Crema
Eau	Agua
Filtre	Filtro
Lait	Leche
Liquide	Líquido
Matin	Mañana
Moudre	Moler
Noir	Negro
Origine	Origen
Prix	Precio
Rôti	Asado
Saveur	Sabor
Sucre	Azúcar
Tasse	Taza
Variété	Variedad

Camping
Camping

Animaux	Animales
Aventure	Aventura
Boussole	Brújula
Cabine	Cabina
Canoë	Canoa
Carte	Mapa
Chapeau	Sombrero
Chasse	Caza
Corde	Cuerda
Équipement	Equipo
Feu	Fuego
Forêt	Bosque
Hamac	Hamaca
Insecte	Insecto
Lac	Lago
Lanterne	Linterna
Lune	Luna
Montagne	Montaña
Nature	Naturaleza
Tente	Carpa

Chimie
Química

Acide	Ácido
Alcalin	Alcalino
Atomique	Atómico
Carbone	Carbono
Catalyseur	Catalizador
Chaleur	Calor
Chlore	Cloro
Enzyme	Enzima
Électron	Electrón
Gaz	Gas
Hydrogène	Hidrógeno
Ion	Ion
Liquide	Líquido
Métaux	Metales
Molécule	Molécula
Nucléaire	Nuclear
Oxygène	Oxígeno
Poids	Peso
Sel	Sal
Température	Temperatura

Chocolat
Chocolate

Amer	Amargo
Antioxydant	Antioxidante
Arôme	Aroma
Artisanal	Artesanal
Cacahuètes	Cacahuetes
Cacao	Cacao
Calories	Calorías
Caramel	Caramelo
Délicieux	Delicioso
Doux	Dulce
Exotique	Exótico
Favori	Favorito
Goût	Gusto
Ingrédient	Ingrediente
Noix de Coco	Coco
Poudre	Polvo
Qualité	Calidad
Recette	Receta
Saveur	Sabor
Sucre	Azúcar

Conduite
Conduciendo

Accident	Accidente
Camion	Camión
Carburant	Combustible
Carte	Mapa
Danger	Peligro
Freins	Frenos
Garage	Garaje
Gaz	Gas
Licence	Licencia
Moteur	Motor
Moto	Motocicleta
Piéton	Peatonal
Police	Policía
Route	Carretera
Sécurité	Seguridad
Trafic	Tráfico
Transport	Transporte
Tunnel	Túnel
Vitesse	Velocidad
Voiture	Coche

Corps Humain
Cuerpo Humano

Bouche	Boca
Cerveau	Cerebro
Cheville	Tobillo
Cou	Cuello
Coude	Codo
Cœur	Corazón
Doigt	Dedo
Estomac	Estómago
Épaule	Hombro
Genou	Rodilla
Lèvres	Labios
Main	Mano
Mâchoire	Mandíbula
Menton	Barbilla
Nez	Nariz
Oreille	Oreja
Peau	Piel
Sang	Sangre
Tête	Cabeza
Visage	Cara

Créativité
Creatividad

Artistique	Artístico
Authenticité	Autenticidad
Clarté	Claridad
Compétence	Habilidad
Dramatique	Dramático
Expression	Expresión
Émotions	Emociones
Fluidité	Fluidez
Idées	Ideas
Image	Imagen
Imagination	Imaginación
Impression	Impresión
Inspiration	Inspiración
Intensité	Intensidad
Intuition	Intuición
Inventif	Inventivo
Sensation	Sensación
Spontané	Espontáneo
Visions	Visiones
Vitalité	Vitalidad

Cuisine
Cocina

Baguettes	Palillos
Bol	Tazón
Bouilloire	Caldera
Congélateur	Congelador
Couteaux	Cuchillos
Cruche	Jarra
Cuillères	Cucharas
Épices	Especias
Éponge	Esponja
Four	Horno
Fourchettes	Tenedores
Gril	Parrilla
Louche	Cucharón
Nourriture	Comida
Pot	Tarro
Recette	Receta
Réfrigérateur	Refrigerador
Serviette	Servilleta
Tablier	Delantal
Tasses	Tazas

Danse
Baile

Académie	Academia
Art	Arte
Chorégraphie	Coreografía
Classique	Clásico
Corps	Cuerpo
Culture	Cultura
Culturel	Cultural
Expressif	Expresivo
Émotion	Emoción
Grâce	Gracia
Joyeux	Alegre
Mouvement	Movimiento
Musique	Música
Partenaire	Socio
Posture	Postura
Répétition	Ensayo
Rythme	Ritmo
Saut	Saltar
Traditionnel	Tradicional
Visuel	Visual

Diplomatie
Diplomacia

Ambassade	Embajada
Ambassadeur	Embajador
Citoyens	Ciudadanos
Communauté	Comunidad
Conflit	Conflicto
Conseiller	Asesor
Coopération	Cooperación
Diplomatique	Diplomático
Discussion	Discusión
Éthique	Ética
Étranger	Extranjero
Gouvernement	Gobierno
Humanitaire	Humanitario
Intégrité	Integridad
Justice	Justicia
Politique	Política
Résolution	Resolución
Sécurité	Seguridad
Solution	Solución
Traité	Tratado

Disciplines Scientifiques
Disciplinas Científicas

Anatomie	Anatomía
Archéologie	Arqueología
Astronomie	Astronomía
Biochimie	Bioquímica
Biologie	Biología
Botanique	Botánica
Chimie	Química
Écologie	Ecología
Géologie	Geología
Immunologie	Inmunología
Linguistique	Lingüística
Mécanique	Mecánica
Météorologie	Meteorología
Minéralogie	Mineralogía
Neurologie	Neurología
Physiologie	Fisiología
Psychologie	Psicología
Sociologie	Sociología
Thermodynamique	Termodinámica
Zoologie	Zoología

Entreprise
Negocio

Argent	Dinero
Boutique	Tienda
Budget	Presupuesto
Bureau	Oficina
Carrière	Carrera
Coût	Costo
Devise	Moneda
Employeur	Empleador
Employé	Empleado
Entreprise	Empresa
Économie	Economía
Finance	Finanzas
Impôts	Impuestos
Investissement	Inversión
Marchandise	Mercancía
Profit	Lucro
Revenu	Ingreso
Transaction	Transacción
Usine	Fábrica
Vente	Venta

Écologie
Ecología

Bénévoles	Voluntarios
Climat	Clima
Communautés	Comunidades
Diversité	Diversidad
Durable	Sostenible
Espèce	Especie
Faune	Fauna
Flore	Flora
Habitat	Hábitat
Marais	Pantano
Marin	Marino
Montagnes	Montañas
Nature	Naturaleza
Naturel	Natural
Plantes	Plantas
Ressources	Recursos
Sécheresse	Sequía
Survie	Supervivencia
Variété	Variedad
Végétation	Vegetación

Émotions
Emociones

Amour	Amor
Calme	Calma
Colère	Ira
Contenu	Contenido
Détendu	Relajado
Embarrassé	Avergonzado
Ennui	Aburrimiento
Excité	Emocionado
Gentillesse	Bondad
Joie	Alegría
Paix	Paz
Peur	Miedo
Reconnaissant	Agradecido
Relief	Alivio
Satisfait	Satisfecho
Surprise	Sorpresa
Sympathie	Simpatía
Tendresse	Ternura
Tranquillité	Tranquilidad
Tristesse	Tristeza

Énergie
Energía

Batterie	Batería
Carbone	Carbono
Carburant	Combustible
Chaleur	Calor
Diesel	Diesel
Entropie	Entropía
Essence	Gasolina
Électrique	Eléctrico
Électron	Electrón
Hydrogène	Hidrógeno
Industrie	Industria
Moteur	Motor
Nucléaire	Nuclear
Photon	Fotón
Pollution	Contaminación
Renouvelable	Renovable
Soleil	Sol
Turbine	Turbina
Vapeur	Vapor
Vent	Viento

Épices
Especias

Aigre	Agrio
Ail	Ajo
Amer	Amargo
Anis	Anís
Cannelle	Canela
Cardamome	Cardamomo
Coriandre	Cilantro
Cumin	Comino
Curry	Curry
Fenouil	Hinojo
Gingembre	Jengibre
Muscade	Nuez Moscada
Oignon	Cebolla
Paprika	Pimentón
Poivre	Pimienta
Réglisse	Regaliz
Safran	Azafrán
Saveur	Sabor
Sel	Sal
Vanille	Vainilla

Éthique
Ética

Altruisme	Altruismo
Bienveillant	Benevolente
Compassion	Compasión
Coopération	Cooperación
Dignité	Dignidad
Diplomatique	Diplomático
Gentillesse	Bondad
Honnêteté	Honestidad
Humanité	Humanidad
Intégrité	Integridad
Optimisme	Optimismo
Patience	Paciencia
Philosophie	Filosofía
Raisonnable	Razonable
Rationalité	Racionalidad
Respectueux	Respetuoso
Réalisme	Realismo
Sagesse	Sabiduría
Tolérance	Tolerancia
Valeurs	Valores

Famille
Familia

Ancêtre	Antepasado
Cousin	Primo
Enfance	Infancia
Enfant	Niño
Enfants	Niños
Femme	Esposa
Fille	Hija
Frère	Hermano
Grand-Mère	Abuela
Grand-Père	Abuelo
Mari	Marido
Maternel	Materno
Mère	Madre
Neveu	Sobrino
Nièce	Sobrina
Oncle	Tío
Paternel	Paterno
Père	Padre
Soeur	Hermana
Tante	Tía

Ferme #1
Granja #1

Abeille	Abeja
Agriculture	Agricultura
Âne	Burro
Bison	Bisonte
Champ	Campo
Chat	Gato
Cheval	Caballo
Chèvre	Cabra
Chien	Perro
Clôture	Valla
Corbeau	Cuervo
Eau	Agua
Engrais	Fertilizante
Foin	Heno
Miel	Miel
Poulet	Pollo
Riz	Arroz
Troupeau	Rebaño
Vache	Vaca
Veau	Ternero

Ferme #2
Granja #2

Agneau	Cordero
Agriculteur	Agricultor
Animaux	Animales
Berger	Pastor
Blé	Trigo
Canard	Pato
Fruit	Fruta
Grange	Granero
Irrigation	Riego
Lait	Leche
Lama	Llama
Légume	Vegetal
Maïs	Maíz
Mouton	Oveja
Nourriture	Comida
Orge	Cebada
Pré	Prado
Ruche	Colmena
Tracteur	Tractor
Verger	Huerto

Fleurs
Flores

Bouquet	Ramo
Gardénia	Gardenia
Hibiscus	Hibisco
Jasmin	Jazmín
Jonquille	Narciso
Lavande	Lavanda
Lilas	Lila
Lys	Lirio
Magnolia	Magnolia
Marguerite	Margarita
Orchidée	Orquídea
Passiflore	Pasionaria
Pavot	Amapola
Pétale	Pétalo
Pivoine	Peonía
Plumeria	Plumeria
Rose	Rosa
Tournesol	Girasol
Trèfle	Trébol
Tulipe	Tulipán

Force et Gravité
Fuerza y Gravedad

Axe	Eje
Centre	Centro
Distance	Distancia
Dynamique	Dinámico
Expansion	Expansión
Élan	Impulso
Friction	Fricción
Impact	Impacto
Magnétisme	Magnetismo
Mécanique	Mecánica
Mouvement	Movimiento
Orbite	Órbita
Physique	Física
Planètes	Planetas
Poids	Peso
Pression	Presión
Propriétés	Propiedades
Temps	Tiempo
Universel	Universal
Vitesse	Velocidad

Forêt Tropicale
Selva Tropical

Amphibiens	Anfibios
Botanique	Botánico
Climat	Clima
Communauté	Comunidad
Diversité	Diversidad
Espèce	Especie
Indigène	Indígena
Insectes	Insectos
Jungle	Selva
Mammifères	Mamíferos
Mousse	Musgo
Nature	Naturaleza
Nuage	Nubes
Oiseaux	Pájaros
Précieux	Valioso
Préservation	Preservación
Refuge	Refugio
Respect	Respeto
Restauration	Restauración
Survie	Supervivencia

Formes
Formas

Arc	Arco
Bords	Bordes
Carré	Cuadrado
Cercle	Círculo
Coin	Esquina
Courbe	Curva
Cône	Cono
Côté	Lado
Cube	Cubo
Cylindre	Cilindro
Ellipse	Elipse
Hyperbole	Hipérbola
Ligne	Línea
Ovale	Oval
Polygone	Polígono
Prisme	Prisma
Pyramide	Pirámide
Rectangle	Rectángulo
Sphère	Esfera
Triangle	Triángulo

Fournitures d'Art
Suministros de Arte

Acrylique	Acrílico
Aquarelles	Acuarelas
Argile	Arcilla
Brosses	Cepillos
Caméra	Cámara
Chaise	Silla
Charbon	Carbón
Chevalet	Caballete
Colle	Pegamento
Couleurs	Colores
Crayons	Lápices
Créativité	Creatividad
Eau	Agua
Encre	Tinta
Gomme	Borrador
Huile	Aceite
Idées	Ideas
Papier	Papel
Pastels	Pasteles
Table	Mesa

Fruit
Fruta

Abricot	Albaricoque
Ananas	Piña
Avocat	Aguacate
Baie	Baya
Banane	Plátano
Cerise	Cereza
Citron	Limón
Figue	Higo
Framboise	Frambuesa
Goyave	Guayaba
Kiwi	Kiwi
Mangue	Mango
Melon	Melón
Nectarine	Nectarina
Orange	Naranja
Papaye	Papaya
Pêche	Melocotón
Poire	Pera
Pomme	Manzana
Raisin	Uva

Géographie
Geografía

Altitude	Altitud
Atlas	Atlas
Carte	Mapa
Continent	Continente
Fleuve	Río
Hémisphère	Hemisferio
Île	Isla
Latitude	Latitud
Mer	Mar
Méridien	Meridiano
Monde	Mundo
Montagne	Montaña
Nord	Norte
Océan	Océano
Ouest	Oeste
Pays	País
Région	Región
Sud	Sur
Territoire	Territorio
Ville	Ciudad

Géologie
Geología

Acide	Ácido
Calcium	Calcio
Caverne	Caverna
Continent	Continente
Corail	Coral
Couche	Capa
Cristaux	Cristales
Érosion	Erosión
Fondu	Fundido
Fossile	Fósil
Geyser	Géiser
Lave	Lava
Minéraux	Minerales
Pierre	Piedra
Plateau	Meseta
Quartz	Cuarzo
Sel	Sal
Stalactite	Estalactita
Volcan	Volcán
Zone	Zona

Géométrie
Geometría

Angle	Ángulo
Calcul	Cálculo
Cercle	Círculo
Courbe	Curva
Diamètre	Diámetro
Dimension	Dimensión
Équation	Ecuación
Hauteur	Altura
Logique	Lógica
Masse	Masa
Médian	Mediana
Nombre	Número
Parallèle	Paralelo
Proportion	Proporción
Segment	Segmento
Surface	Superficie
Symétrie	Simetría
Théorie	Teoría
Triangle	Triángulo
Vertical	Vertical

Gouvernement
Gobierno

Citoyenneté	Ciudadanía
Civil	Civil
Constitution	Constitución
Démocratie	Democracia
Discours	Discurso
Discussion	Discusión
Droits	Derechos
Égalité	Igualdad
État	Estado
Indépendance	Independencia
Judiciaire	Judicial
Justice	Justicia
Liberté	Libertad
Loi	Ley
Monument	Monumento
Nation	Nación
National	Nacional
Paisible	Pacífico
Politique	Política
Symbole	Símbolo

Herboristerie
Herboristería

Ail	Ajo
Aromatique	Aromático
Basilic	Albahaca
Bénéfique	Beneficioso
Culinaire	Culinario
Estragon	Estragón
Fenouil	Hinojo
Fleur	Flor
Ingrédient	Ingrediente
Jardin	Jardín
Lavande	Lavanda
Marjolaine	Mejorana
Menthe	Menta
Persil	Perejil
Qualité	Calidad
Romarin	Romero
Safran	Azafrán
Saveur	Sabor
Thym	Tomillo
Vert	Verde

Ingénierie
Ingeniería

Angle	Ángulo
Axe	Eje
Calcul	Cálculo
Construction	Construcción
Diagramme	Diagrama
Diamètre	Diámetro
Diesel	Diesel
Distribution	Distribución
Engrenages	Engranajes
Énergie	Energía
Force	Fuerza
Liquide	Líquido
Machine	Máquina
Mesure	Medición
Moteur	Motor
Profondeur	Profundidad
Propulsion	Propulsión
Rotation	Rotación
Stabilité	Estabilidad
Structure	Estructura

Instruments de Musique
Instrumentos Musicales

Banjo	Banjo
Basson	Fagot
Clarinette	Clarinete
Flûte	Flauta
Gong	Gong
Guitare	Guitarra
Harmonica	Armónica
Harpe	Arpa
Hautbois	Oboe
Mandoline	Mandolina
Marimba	Marimba
Percussion	Percusión
Piano	Piano
Saxophone	Saxofón
Tambour	Tambor
Tambourin	Pandereta
Trombone	Trombón
Trompette	Trompeta
Violon	Violín
Violoncelle	Violonchelo

Jardin
Jardín

Arbre	Árbol
Banc	Banco
Buisson	Arbusto
Clôture	Valla
Étang	Estanque
Fleur	Flor
Garage	Garaje
Hamac	Hamaca
Herbe	Hierba
Jardin	Jardín
Mauvaises Herbes	Malezas
Pelle	Pala
Pelouse	Césped
Râteau	Rastrillo
Sol	Suelo
Terrasse	Terraza
Trampoline	Trampolín
Tuyau	Manguera
Verger	Huerto
Vigne	Vid

Jardinage
Jardinería

Botanique	Botánico
Bouquet	Ramo
Climat	Clima
Comestible	Comestible
Compost	Compost
Eau	Agua
Espèce	Especie
Exotique	Exótico
Feuillage	Follaje
Feuille	Hoja
Fleur	Flor
Floral	Floral
Graines	Semillas
Humidité	Humedad
Récipient	Contenedor
Saisonnier	Estacional
Saleté	Suciedad
Sol	Suelo
Tuyau	Manguera
Verger	Huerto

Jazz
Jazz

Album	Álbum
Artiste	Artista
Célèbre	Famoso
Chanson	Canción
Compositeur	Compositor
Composition	Composición
Concert	Concierto
Favoris	Favoritos
Genre	Género
Improvisation	Improvisación
Musique	Música
Nouveau	Nuevo
Orchestre	Orquesta
Rythme	Ritmo
Solo	Solo
Style	Estilo
Talent	Talento
Tambours	Tambores
Technique	Técnica
Vieux	Viejo

Jours et Mois
Días y Meses

Août	Agosto
Avril	Abril
Calendrier	Calendario
Dimanche	Domingo
Février	Febrero
Janvier	Enero
Jeudi	Jueves
Juillet	Julio
Juin	Junio
Lundi	Lunes
Mardi	Martes
Mars	Marzo
Mercredi	Miércoles
Mois	Mes
Novembre	Noviembre
Octobre	Octubre
Samedi	Sábado
Semaine	Semana
Septembre	Septiembre
Vendredi	Viernes

L'Entreprise
La Empresa

Affaires	Negocio
Créatif	Creativo
Décision	Decisión
Emploi	Empleo
Global	Global
Industrie	Industria
Innovant	Innovador
Investissement	Inversión
Possibilité	Posibilidad
Présentation	Presentación
Produit	Producto
Professionnel	Profesional
Progrès	Progreso
Qualité	Calidad
Ressources	Recursos
Revenu	Ingresos
Réputation	Reputación
Risques	Riesgos
Tendances	Tendencias
Unités	Unidades

Les Abeilles
Abejas

Ailes	Alas
Bénéfique	Beneficioso
Cire	Cera
Diversité	Diversidad
Essaim	Enjambre
Écosystème	Ecosistema
Fleur	Flor
Fleurs	Flores
Fruit	Fruta
Fumée	Humo
Habitat	Hábitat
Insecte	Insecto
Jardin	Jardín
Miel	Miel
Nourriture	Comida
Plantes	Plantas
Pollen	Polen
Reine	Reina
Ruche	Colmena
Soleil	Sol

Les Médias
Los Medios de Comunicación

Attitudes	Actitudes
Commercial	Comercial
Communication	Comunicación
En Ligne	En Línea
Édition	Edición
Éducation	Educación
Faits	Hechos
Images	Imágenes
Individuel	Individual
Industrie	Industria
Intellectuel	Intelectual
Journaux	Periódicos
Local	Local
Numérique	Digital
Opinion	Opinión
Photos	Fotos
Public	Público
Radio	Radio
Réseau	Red
Télévision	Televisión

Littérature
Literatura

Analogie	Analogía
Analyse	Análisis
Anecdote	Anécdota
Auteur	Autor
Biographie	Biografía
Comparaison	Comparación
Conclusion	Conclusión
Description	Descripción
Dialogue	Diálogo
Fiction	Ficción
Métaphore	Metáfora
Narrateur	Narrador
Poème	Poema
Poétique	Poético
Rime	Rima
Roman	Novela
Rythme	Ritmo
Style	Estilo
Thème	Tema
Tragédie	Tragedia

Livres
Libros

Auteur	Autor
Aventure	Aventura
Collection	Colección
Contexte	Contexto
Dualité	Dualidad
Épique	Epopeya
Histoire	Historia
Historique	Histórico
Humoristique	Humorístico
Inventif	Inventivo
Lecteur	Lector
Littéraire	Literario
Narrateur	Narrador
Page	Página
Pertinent	Pertinente
Poème	Poema
Poésie	Poesía
Roman	Novela
Série	Serie
Tragique	Trágico

Maison
Casa

Balai	Escoba
Bibliothèque	Biblioteca
Chambre	Habitación
Cheminée	Chimenea
Clés	Llaves
Clôture	Valla
Cuisine	Cocina
Douche	Ducha
Fenêtre	Ventana
Garage	Garaje
Grenier	Ático
Jardin	Jardín
Lampe	Lámpara
Miroir	Espejo
Mur	Pared
Porte	Puerta
Rideaux	Cortinas
Sous-Sol	Sótano
Tapis	Alfombra
Toit	Techo

Maladie
Enfermedad

Abdominal	Abdominal
Allergies	Alergias
Bien-Être	Bienestar
Chronique	Crónica
Contagieux	Contagioso
Corps	Cuerpo
Cœur	Corazón
Faible	Débil
Génétique	Genético
Héréditaire	Hereditario
Immunité	Inmunidad
Inflammation	Inflamación
Lombaire	Lumbar
Neuropathie	Neuropatía
Os	Huesos
Pulmonaire	Pulmonar
Respiratoire	Respiratorio
Santé	Salud
Syndrome	Síndrome
Thérapie	Terapia

Mammifères
Mamíferos

Baleine	Ballena
Chat	Gato
Cheval	Caballo
Chien	Perro
Coyote	Coyote
Dauphin	Delfín
Éléphant	Elefante
Girafe	Jirafa
Gorille	Gorila
Kangourou	Canguro
Lapin	Conejo
Lion	León
Loup	Lobo
Mouton	Oveja
Ours	Oso
Renard	Zorro
Singe	Mono
Taureau	Toro
Tigre	Tigre
Zèbre	Cebra

Mathématiques
Matemáticas

Angles	Ángulos
Arithmétique	Aritmética
Carré	Cuadrado
Décimal	Decimal
Diamètre	Diámetro
Exposant	Exponente
Équation	Ecuación
Fraction	Fracción
Géométrie	Geometría
Parallèle	Paralelo
Parallélogramme	Paralelogramo
Perpendiculaire	Perpendicular
Périmètre	Perímetro
Polygone	Polígono
Rayon	Radio
Rectangle	Rectángulo
Somme	Suma
Symétrie	Simetría
Triangle	Triángulo
Volume	Volumen

Mesures

Mediciones

Centimètre	Centímetro
Degré	Grado
Décimal	Decimal
Gramme	Gramo
Hauteur	Altura
Kilogramme	Kilogramo
Kilomètre	Kilómetro
Largeur	Ancho
Litre	Litro
Longueur	Longitud
Masse	Masa
Mètre	Metro
Minute	Minuto
Octet	Byte
Once	Onza
Poids	Peso
Pouce	Pulgada
Profondeur	Profundidad
Tonne	Tonelada
Volume	Volumen

Méditation

Meditación

Acceptation	Aceptación
Attention	Atención
Calme	Calma
Clarté	Claridad
Compassion	Compasión
Émotions	Emociones
Éveillé	Despierto
Gentillesse	Bondad
Gratitude	Gratitud
Habitudes	Hábitos
Mental	Mental
Mouvement	Movimiento
Musique	Música
Nature	Naturaleza
Observation	Observación
Paix	Paz
Perspective	Perspectiva
Posture	Postura
Respiration	Respiración
Silence	Silencio

Mode

Moda

Abordable	Asequible
Boutique	Boutique
Boutons	Botones
Broderie	Bordado
Cher	Caro
Dentelle	Encaje
Élégant	Elegante
Minimaliste	Minimalista
Moderne	Moderno
Modeste	Modesto
Modèle	Patrón
Original	Original
Pratique	Práctico
Simple	Sencillo
Sophistiqué	Sofisticado
Style	Estilo
Tendance	Tendencia
Texture	Textura
Tissu	Tejido
Vêtements	Ropa

Musique

Música

Album	Álbum
Ballade	Balada
Chanter	Cantar
Chanteur	Cantante
Classique	Clásico
Enregistrement	Grabación
Harmonie	Armonía
Harmonique	Armónico
Instrument	Instrumento
Lyrique	Lírico
Mélodie	Melodía
Microphone	Micrófono
Musical	Musical
Musicien	Músico
Opéra	Ópera
Poétique	Poético
Rythme	Ritmo
Rythmique	Rítmico
Tempo	Tempo
Vocal	Vocal

Mythologie

Mitología

Archétype	Arquetipo
Catastrophe	Desastre
Création	Creación
Créature	Criatura
Croyances	Creencias
Culture	Cultura
Éclair	Rayo
Force	Fuerza
Guerrier	Guerrero
Héroïne	Heroína
Héros	Héroe
Immortalité	Inmortalidad
Jalousie	Celos
Labyrinthe	Laberinto
Légende	Leyenda
Magique	Mágico
Monstre	Monstruo
Mortel	Mortal
Tonnerre	Trueno
Vengeance	Venganza

Nature

Naturaleza

Abeilles	Abejas
Abri	Refugio
Animaux	Animales
Arctique	Ártico
Beauté	Belleza
Brouillard	Niebla
Désert	Desierto
Dynamique	Dinámico
Érosion	Erosión
Feuillage	Follaje
Fleuve	Río
Forêt	Bosque
Glacier	Glaciar
Nuage	Nubes
Paisible	Pacífico
Sanctuaire	Santuario
Sauvage	Salvaje
Serein	Sereno
Tropical	Tropical
Vital	Vital

Nombres
Números

Cinq	Cinco
Deux	Dos
Décimal	Decimal
Dix	Diez
Dix-Huit	Dieciocho
Dix-Neuf	Diecinueve
Dix-Sept	Diecisiete
Douze	Doce
Huit	Ocho
Neuf	Nueve
Quatorze	Catorce
Quatre	Cuatro
Quinze	Quince
Seize	Dieciséis
Sept	Siete
Six	Seis
Treize	Trece
Trois	Tres
Vingt	Veinte
Zéro	Cero

Nourriture #1
Comida #1

Ail	Ajo
Basilic	Albahaca
Café	Café
Cannelle	Canela
Carotte	Zanahoria
Citron	Limón
Épinard	Espinacas
Fraise	Fresa
Jus	Jugo
Lait	Leche
Navet	Nabo
Oignon	Cebolla
Orge	Cebada
Poire	Pera
Salade	Ensalada
Sel	Sal
Soupe	Sopa
Sucre	Azúcar
Thon	Atún
Viande	Carne

Nourriture #2
Comida #2

Amande	Almendra
Aubergine	Berenjena
Banane	Plátano
Blé	Trigo
Brocoli	Brócoli
Cerise	Cereza
Céleri	Apio
Champignon	Seta
Chocolat	Chocolate
Jambon	Jamón
Kiwi	Kiwi
Mangue	Mango
Oeuf	Huevo
Pain	Pan
Poisson	Pescado
Pomme	Manzana
Poulet	Pollo
Raisin	Uva
Riz	Arroz
Tomate	Tomate

Nutrition
Nutrición

Amer	Amargo
Appétit	Apetito
Calories	Calorías
Comestible	Comestible
Diète	Dieta
Digestion	Digestión
Épices	Especias
Équilibré	Equilibrado
Fermentation	Fermentación
Glucides	Carbohidratos
Liquides	Líquidos
Poids	Peso
Protéines	Proteínas
Qualité	Calidad
Sain	Saludable
Santé	Salud
Sauce	Salsa
Saveur	Sabor
Toxine	Toxina
Vitamine	Vitamina

Océan
Océano

Anguille	Anguila
Baleine	Ballena
Bateau	Barco
Corail	Coral
Crabe	Cangrejo
Crevette	Camarón
Dauphin	Delfín
Éponge	Esponja
Huître	Ostra
Marées	Mareas
Méduse	Medusa
Poisson	Pescado
Poulpe	Pulpo
Requin	Tiburón
Récif	Arrecife
Sel	Sal
Tempête	Tormenta
Thon	Atún
Tortue	Tortuga
Vagues	Olas

Oiseaux
Pájaros

Aigle	Águila
Autruche	Avestruz
Canard	Pato
Cigogne	Cigüeña
Colombe	Paloma
Corbeau	Cuervo
Coucou	Cuco
Cygne	Cisne
Flamant	Flamenco
Héron	Garza
Manchot	Pingüino
Moineau	Gorrión
Mouette	Gaviota
Oeuf	Huevo
Oie	Ganso
Paon	Pavo Real
Perroquet	Loro
Pélican	Pelícano
Poulet	Pollo
Toucan	Tucán

Pays #1
Países #1

Afghanistan	Afganistán
Allemagne	Alemania
Argentine	Argentina
Brésil	Brasil
Canada	Canadá
Espagne	España
Équateur	Ecuador
Finlande	Finlandia
Inde	India
Israël	Israel
Libye	Libia
Mali	Malí
Maroc	Marruecos
Nicaragua	Nicaragua
Norvège	Noruega
Panama	Panamá
Philippines	Filipinas
Pologne	Polonia
Roumanie	Rumania
Venezuela	Venezuela

Pays #2
Países #2

Albanie	Albania
Chine	China
Danemark	Dinamarca
France	Francia
Haïti	Haití
Indonésie	Indonesia
Irlande	Irlanda
Jamaïque	Jamaica
Japon	Japón
Kenya	Kenia
Laos	Laos
Liban	Líbano
Mexique	México
Ouganda	Uganda
Pakistan	Pakistán
Russie	Rusia
Somalie	Somalia
Soudan	Sudán
Syrie	Siria
Ukraine	Ucrania

Paysages
Paisajes

Cascade	Cascada
Colline	Colina
Désert	Desierto
Estuaire	Estuario
Fleuve	Río
Geyser	Géiser
Glacier	Glaciar
Grotte	Cueva
Iceberg	Iceberg
Île	Isla
Lac	Lago
Marais	Pantano
Mer	Mar
Montagne	Montaña
Oasis	Oasis
Péninsule	Península
Plage	Playa
Toundra	Tundra
Vallée	Valle
Volcan	Volcán

Physique
Física

Accélération	Aceleración
Atome	Átomo
Chaos	Caos
Chimique	Químico
Densité	Densidad
Électron	Electrón
Formule	Fórmula
Fréquence	Frecuencia
Gaz	Gas
Gravité	Gravedad
Magnétisme	Magnetismo
Masse	Masa
Mécanique	Mecánica
Molécule	Molécula
Moteur	Motor
Nucléaire	Nuclear
Particule	Partícula
Relativité	Relatividad
Universel	Universal
Vitesse	Velocidad

Plantes
Plantas

Arbre	Árbol
Baie	Baya
Bambou	Bambú
Botanique	Botánica
Buisson	Arbusto
Cactus	Cactus
Engrais	Fertilizante
Feuillage	Follaje
Fleur	Flor
Flore	Flora
Forêt	Bosque
Grandir	Crecer
Haricot	Frijol
Herbe	Hierba
Jardin	Jardín
Lierre	Hiedra
Mousse	Musgo
Pétale	Pétalo
Racine	Raíz
Végétation	Vegetación

Professions #1
Profesiones #1

Ambassadeur	Embajador
Astronome	Astrónomo
Avocat	Abogado
Banquier	Banquero
Bijoutier	Joyero
Cartographe	Cartógrafo
Chasseur	Cazador
Danseur	Bailarín
Entraîneur	Entrenador
Éditeur	Editor
Géologue	Geólogo
Infirmière	Enfermera
Médecin	Doctor
Musicien	Músico
Pianiste	Pianista
Plombier	Fontanero
Pompier	Bombero
Psychologue	Psicólogo
Scientifique	Científico
Vétérinaire	Veterinario

Professions #2
Profesiones #2

Astronaute	Astronauta
Bibliothécaire	Bibliotecario
Biologiste	Biólogo
Chercheur	Investigador
Chirurgien	Cirujano
Dentiste	Dentista
Détective	Detective
Enseignant	Profesor
Illustrateur	Ilustrador
Ingénieur	Ingeniero
Inventeur	Inventor
Jardinier	Jardinero
Journaliste	Periodista
Linguiste	Lingüista
Médecin	Médico
Peintre	Pintor
Philosophe	Filósofo
Photographe	Fotógrafo
Pilote	Piloto
Zoologiste	Zoólogo

Psychologie
Psicología

Clinique	Clínico
Conflit	Conflicto
Ego	Ego
Enfance	Infancia
Expériences	Experiencias
Émotions	Emociones
Évaluation	Evaluación
Idées	Ideas
Inconscient	Inconsciente
Influences	Influencias
Pensées	Pensamientos
Perception	Percepción
Personnalité	Personalidad
Problème	Problema
Rendez-Vous	Cita
Réalité	Realidad
Rêves	Sueños
Sensation	Sensación
Subconscient	Subconsciente
Thérapie	Terapia

Randonnée
Senderismo

Animaux	Animales
Bottes	Botas
Camping	Camping
Carte	Mapa
Climat	Clima
Eau	Agua
Falaise	Acantilado
Fatigué	Cansado
Guides	Guías
Lourd	Pesado
Montagne	Montaña
Moustiques	Mosquitos
Nature	Naturaleza
Orientation	Orientación
Parcs	Parques
Pierres	Piedras
Préparation	Preparación
Sauvage	Salvaje
Soleil	Sol
Sommet	Cumbre

Restaurant #2
Restaurante #2

Boisson	Bebida
Chaise	Silla
Cuillère	Cuchara
Déjeuner	Almuerzo
Délicieux	Delicioso
Dîner	Cena
Eau	Agua
Épices	Especias
Fourchette	Tenedor
Fruit	Fruta
Gâteau	Pastel
Glace	Hielo
Légumes	Verduras
Nouilles	Fideos
Oeuf	Huevos
Poisson	Pescado
Salade	Ensalada
Sel	Sal
Serveur	Camarero
Soupe	Sopa

Réchauffement Climatique
Calentamiento Global

Arctique	Ártico
Attention	Atención
Climat	Clima
Crise	Crisis
Développement	Desarrollo
Données	Datos
Environnemental	Ambiental
Énergie	Energía
Futur	Futuro
Gaz	Gas
Générations	Generaciones
Gouvernement	Gobierno
Habitats	Hábitats
Industrie	Industria
International	Internacional
Législation	Legislación
Maintenant	Ahora
Populations	Poblaciones
Scientifique	Científico
Températures	Temperaturas

Santé et Bien-Être #1
Salud y Bienestar #1

Actif	Activo
Bactéries	Bacterias
Blessure	Lesión
Clinique	Clínica
Faim	Hambre
Fracture	Fractura
Habitude	Hábito
Hauteur	Altura
Hormone	Hormonas
Médecin	Doctor
Médicament	Medicina
Muscles	Músculos
Os	Huesos
Peau	Piel
Pharmacie	Farmacia
Posture	Postura
Réflexe	Reflejo
Thérapie	Terapia
Traitement	Tratamiento
Virus	Virus

Santé et Bien-Être #2

Salud y Bienestar #2

Allergie	Alergia
Anatomie	Anatomía
Appétit	Apetito
Calorie	Caloría
Corps	Cuerpo
Diète	Dieta
Énergie	Energía
Génétique	Genética
Hôpital	Hospital
Hygiène	Higiene
Infection	Infección
Maladie	Enfermedad
Massage	Masaje
Nutrition	Nutrición
Poids	Peso
Récupération	Recuperación
Sain	Saludable
Sang	Sangre
Stress	Estrés
Vitamine	Vitamina

Science

Ciencia

Atome	Átomo
Chimique	Químico
Climat	Clima
Données	Datos
Expérience	Experimento
Évolution	Evolución
Fait	Hecho
Fossile	Fósil
Gravité	Gravedad
Hypothèse	Hipótesis
Laboratoire	Laboratorio
Méthode	Método
Minéraux	Minerales
Molécules	Moléculas
Nature	Naturaleza
Observation	Observación
Organisme	Organismo
Particules	Partículas
Physique	Física
Scientifique	Científico

Science-Fiction

Ciencia Ficción

Atomique	Atómico
Cinéma	Cine
Explosion	Explosión
Extrême	Extremo
Fantastique	Fantástico
Feu	Fuego
Futuriste	Futurista
Galaxie	Galaxia
Illusion	Ilusión
Imaginaire	Imaginario
Livres	Libros
Monde	Mundo
Mystérieux	Misterioso
Oracle	Oráculo
Planète	Planeta
Réaliste	Realista
Robots	Robots
Scénario	Escenario
Technologie	Tecnología
Utopie	Utopía

Sport

Deporte

Athlète	Atleta
Capacité	Capacidad
Corps	Cuerpo
Cyclisme	Ciclismo
Danse	Baile
Diète	Dieta
Endurance	Resistencia
Entraîneur	Entrenador
Étirement	Estiramiento
Force	Fuerza
Maximiser	Maximizar
Métabolique	Metabólico
Muscles	Músculos
Nager	Nadar
Nutrition	Nutrición
Objectif	Meta
Os	Huesos
Programme	Programa
Santé	Salud
Sports	Deportes

Temps

Tiempo

Année	Año
Annuel	Anual
Après	Después
Avant	Antes
Bientôt	Pronto
Calendrier	Calendario
Décennie	Década
Futur	Futuro
Heure	Hora
Hier	Ayer
Horloge	Reloj
Jour	Día
Maintenant	Ahora
Matin	Mañana
Midi	Mediodía
Minute	Minuto
Mois	Mes
Nuit	Noche
Semaine	Semana
Siècle	Siglo

Types de Cheveux

Tipos de Cabello

Argent	Plata
Blanc	Blanco
Blond	Rubio
Boucles	Rizos
Brillant	Brillante
Chauve	Calvo
Coloré	Coloreado
Court	Corto
Doux	Suave
Épais	Grueso
Frisé	Rizado
Gris	Gris
Long	Largo
Marron	Marrón
Mince	Delgada
Noir	Negro
Ondulé	Ondulado
Sain	Saludable
Sec	Seco
Tressé	Trenzado

Univers
Universo

Astéroïde	Asteroide
Astronome	Astrónomo
Astronomie	Astronomía
Atmosphère	Atmósfera
Ciel	Cielo
Cosmique	Cósmico
Équateur	Ecuador
Galaxie	Galaxia
Hémisphère	Hemisferio
Horizon	Horizonte
Latitude	Latitud
Longitude	Longitud
Lune	Luna
Obscurité	Oscuridad
Orbite	Órbita
Solaire	Solar
Solstice	Solsticio
Télescope	Telescopio
Visible	Visible
Zodiaque	Zodíaco

Vacances #2
Vacaciones #2

Aéroport	Aeropuerto
Camping	Camping
Carte	Mapa
Destination	Destino
Étranger	Extranjero
Hôtel	Hotel
Île	Isla
Loisir	Ocio
Mer	Mar
Passeport	Pasaporte
Plage	Playa
Restaurant	Restaurante
Réservations	Reservas
Taxi	Taxi
Tente	Carpa
Train	Tren
Transport	Transporte
Vacances	Vacaciones
Visa	Visa
Voyage	Viaje

Vêtements
Ropa

Bracelet	Pulsera
Ceinture	Cinturón
Chapeau	Sombrero
Chaussure	Zapato
Chemise	Camisa
Chemisier	Blusa
Collier	Collar
Foulard	Bufanda
Gants	Guantes
Jeans	Jeans
Jupe	Falda
Manteau	Abrigo
Mode	Moda
Pantalon	Pantalones
Pull	Suéter
Pyjama	Pijama
Robe	Vestido
Sandales	Sandalias
Tablier	Delantal
Veste	Chaqueta

Ville
Ciudad

Aéroport	Aeropuerto
Banque	Banco
Bibliothèque	Biblioteca
Boulangerie	Panadería
Cinéma	Cine
Clinique	Clínica
École	Escuela
Fleuriste	Florista
Galerie	Galería
Hôtel	Hotel
Librairie	Librería
Marché	Mercado
Musée	Museo
Pharmacie	Farmacia
Restaurant	Restaurante
Stade	Estadio
Supermarché	Supermercado
Théâtre	Teatro
Université	Universidad
Zoo	Zoo

Félicitations

Vous avez réussi !

Nous espérons que vous avez apprécié ce livre autant que nous avons pris plaisir à le concevoir. Nous faisons de notre mieux pour créer des livres de la meilleure qualité possible.
Cette édition est conçue pour permettre un apprentissage intelligent et de qualité en se divertissant !

Vous avez aimé ce livre ?

Une Simple Demande

Nos livres existent grâce aux avis que vous publiez. Pourriez-vous nous aider en laissant un avis maintenant ?

Voici un lien rapide qui vous mènera à votre page d'évaluation de vos commandes :

BestBooksActivity.com/Avis50

CHALLENGE FINAL !

Défi n°1

Êtes-vous prêt pour votre jeu bonus ? Nous les utilisons tout le temps mais ils ne sont pas si faciles à trouver. Voici les **Synonymes** !

Notez 5 mots que vous avez trouvés dans les puzzles notés ci-dessous (n°21, n°36, n°76) et essayez de trouver 2 synonymes pour chaque mot.

Notez 5 Mots du ***Puzzle 21***

Mots	Synonyme 1	Synonyme 2

Notez 5 Mots du ***Puzzle 36***

Mots	Synonyme 1	Synonyme 2

Notez 5 Mots du ***Puzzle 76***

Mots	Synonyme 1	Synonyme 2

Défi n°2

Maintenant que vous vous êtes échauffé, notez 5 mots que vous avez découverts dans les Puzzles n° 9, n° 17, n° 25 et essayez de trouver 2 antonymes pour chaque mot. Combien pouvez-vous en trouver en 20 minutes ?

Notez 5 Mots du ***Puzzle 9***

Mots	Antonyme 1	Antonyme 2

Notez 5 Mots du ***Puzzle 17***

Mots	Antonyme 1	Antonyme 2

Notez 5 Mots du ***Puzzle 25***

Mots	Antonyme 1	Antonyme 2

Défi n°3

Formidable ! Ce défi final  n'est rien pour vous.

Prêt pour le dernier défi ? Choisissez 10 mots que vous avez découverts parmi les différents puzzles et notez-les ci-dessous.

1.	6.
2.	7.
3.	8.
4.	9.
5.	10.

Maintenant, composez un texte en pensant à une personne, un animal ou un lieu que vous aimez !

Astuce: Vous pouvez utiliser la dernière page de ce livre comme brouillon !

Votre Composition :

CARNET DE NOTES :

À TRÈS BIENTÔT !

Toute l'équipe

www.ingramcontent.com/pod-product-compliance
Lightning Source LLC
Chambersburg PA
CBHW082159120626
46553CB00010B/2946
* 9 7 9 8 8 9 6 7 0 6 9 2 2 *